献给中国和巴基斯坦人民

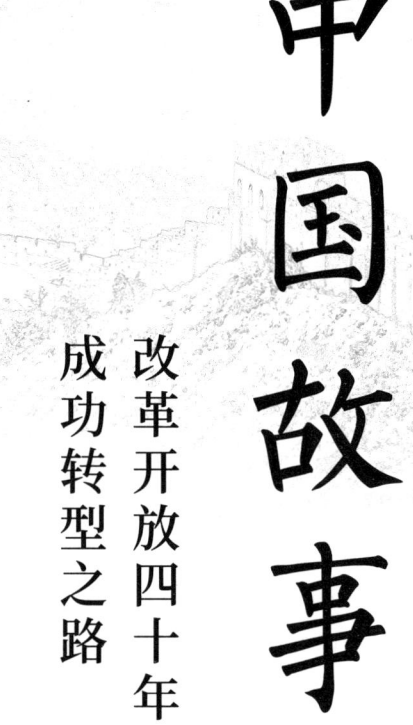

中国故事

改革开放四十年成功转型之路

［巴基斯坦］S.M.哈利 著

何美兰 译

China's Stories
China's Success

How China transformed in the past 40 years

国际文化出版公司
·北京·

图书在版编目（CIP）数据

中国故事：改革开放四十年成功转型之路 /（巴基）S.M.哈利著；何美兰译．－－北京：国际文化出版公司，2021.12
ISBN 978-7-5125-1337-2

Ⅰ．①中… Ⅱ．①S… ②何… Ⅲ．①改革开放－中国－文集 Ⅳ．① D61-53

中国版本图书馆 CIP 数据核字 (2021) 第 154569 号

北京市版权局著作权合同登记号　图字：01-2020-2507 号

Copyright © 2015 by S. M. Hali.

中国故事：改革开放四十年成功转型之路

作　　者	［巴基斯坦］S.M.哈利
译　　者	何美兰
责任编辑	于锡平
出版发行	国际文化出版公司
经　　销	全国新华书店
印　　刷	北京虎彩文化传播有限公司
开　　本	710 毫米 ×1000 毫米　　16 开 15.125 印张　　　　　　　174 千字
版　　次	2021 年 12 月第 1 版 2021 年 12 月第 1 次印刷
书　　号	ISBN 978-7-5125-1337-2
定　　价	46.00 元

国际文化出版公司
北京朝阳区东土城路乙 9 号　　邮编：100013
总编室：（010）64271551　　传真：（010）64271578
销售热线：（010）64271187
传真：（010）64271187-800
E-mail：icpc@95777.sina.net

目录

致谢 / 01
序言 / 中华人民共和国驻巴基斯坦大使孙卫东 /03
序言 / 巴基斯坦前驻华大使马苏德·汗 /05
作者序 / 09

习近平隆重访问巴基斯坦 /001
平和新疆 /004
中巴经济走廊——喀什视角 /007
新疆——丝绸之路的支点 /011
中国引领成立亚洲基础设施投资银行 /014
孙卫东大使参观木尔坦 /018
巴基斯坦加入上海合作组织 /020

平衡中国 - 巴基斯坦关系 /023
中国驻巴基斯坦新大使馆的象征意义 /026
巴基斯坦的当务之急 /029
中国的人道主义救助行动 /032
中国举办第二次世界大战结束 70 周年纪念活动 /035
为巴基斯坦注入能量 /037
迈向命运共同体 /039

目录

第十二届全国人民代表大会拉开改革帷幕 /041
中巴经济走廊象征团结 /043
中国春节带来和平 /046
郑和——被遗忘的中国航海家 /049
中国 - 阿富汗 - 巴基斯坦三方汇聚 /056
中国 - 巴基斯坦友好年启程 /059
远亲不如近邻 /062

李克强达沃斯论坛讲演倍受赞誉 /065
习近平的反腐斗争 /068
纪念毛泽东诞辰 121 周年 /070
中国治理 /076
习近平的南太平洋序曲 /079
重新启动亚太经合组织 /082
中国为"亚洲之心"注入活力 /085

"一国两制" /088
水灾管控 /092
错失良机的代价 /095
金砖国家的出现 /100

目录

中国发展之日新月异 /103
新疆的扶贫机制 /105
日本首相痛伤中国人感情 /108

解读中国之行 /111
纳瓦兹·谢里夫出访中国 /114
云南的商业创举 /117
中国 - 南亚博览会 /120
巩固中巴关系 /122
中国国防白皮书 /125
中国梦 /128

中巴加强海军合作 /130
中国共产党从一大到十八大 /133
中国共产党第十八次全国代表大会 /136
上海——东方的纽约 /138
"辽宁"舰——中国航母战斗群建设第一站 /140
中国关于钓鱼岛的原则立场 /160
云南民族政策的成功 /163

目录

巴基斯坦在昆明获得荣誉 /166
巴基斯坦可以学习的中国经验 /169
中国加入世界贸易组织的十年历程 /174
受欢迎的邻居 /177
新疆——中国奇迹 /181
中国经济的稳步提升 /184
四川——从废墟上飞起的凤凰 /187

中国的新亚洲政策 /191
中国的信任 /193
关于诺贝尔和平奖的争议 /196
中国直升机支援巴基斯坦抗洪救灾 /199
巴基斯坦抗洪赈灾与中国贡献 /202
霍尔布鲁克挑战中国 /205
我看中国——应中国共产党之邀为中巴建交60周年撰文 /208

译后记 /217

致　谢

我诚挚地感谢中华人民共和国驻巴基斯坦大使馆及时给我提供研究资料和多次访问中国的机会，致敬中国共产党在中国和巴基斯坦建交六十周年的重大场合邀请我访问伟大的中国，感谢中国外交部的无比热情和十分周到的款待。我还要特别感谢云南省——给予我参观游览美丽的省会昆明和其他几个城市的宝贵机会，这些城市的自然风光美不胜收，人文风景美丽如画。

我由衷地感谢现任中国驻巴基斯坦大使孙卫东阁下，他在巴基斯坦人心中有着特殊地位，巴基斯坦人欣赏孙大使对他们的关爱。不管巴基斯坦遇到什么灾难，孙先生总是伸出援助之手；他也会与我们分享每一个欢庆时刻的喜悦。我们不会忘记孙大使的那次著名演讲，他对巴基斯坦人说："你们受伤时，我们感到疼痛；看到你们的笑容时，我们欣喜欢唱。"

孙卫东大使凭借其流畅自如的英语演讲才能，利用各种机会出席巴基斯坦各方媒体的活动，与他们交流信息，掌握最新发展动态。

孙大使夫人的社会慈善活动也赢得了巴基斯坦的民心。

孙卫东大使在百忙中抽出宝贵时间为本书作序，此举既深深表明他为拓展中国和巴基斯坦关系所付出的努力，也表现了其对媒体在促进中巴友谊中的角色的浓厚兴趣。

特别感谢巴基斯坦前驻中华人民共和国大使马苏德·汗（2008—2012 年在任），阁下对中巴关系的深入研究，他是促进中巴密切战略合作伙伴关系的先行

中国故事：改革开放四十年成功转型之路

者。马苏德先生是一位精干的专业外交家，1980年开始其外交职业生涯。他的第一次驻外任职是1984年在北京巴基斯坦驻华大使馆任三等秘书。在北京的两年时间里，他学习并掌握了汉语，为之后在中国的外交生涯打下了基础。2008年，马苏德出任巴基斯坦驻华大使，担负起提升中巴外交关系的富于挑战性的重任。马苏德大使的成绩得到了来自相关各方第一时间的高度赞誉和认可，而我个人只是一名中立的观察者。大使先生在其繁忙的公务之余，仔细阅读我的书稿，并为之作序，仅此一件事就足以表明他在促进中巴两国关系方面的不懈努力。在此，我对马苏德大使撰写的中肯的序言和透彻分析表达衷心谢意。

最后且非常重要的是，我必须感激我的家人，正是他们对我的新闻事业一如既往的支持，激励我从事研究工作，才使我完成此书和其他书稿的编写工作。我的夫人艾妮·哈利和长子厄扎利协助完成书稿校对，女儿阿娜姆帮助设计书稿题名。我的家人也一直分享我对中国研究的兴趣和思想，包括学习汉语、阅读和撰写与中国相关的主题，到中国旅游，等等。这些都是为了帮助巴基斯坦这位中国的"铁杆兄弟"（Batie，巴铁）提高对中国的更全面认识而付出的努力。

序　言

《中国故事：改革开放四十年成功转型之路》是苏尔坦·M.哈利先生的个人文集，其中包括他的一些个人观察。这些文章的内容跨越了四十年（1974—2015年）的时间。作者将其对中国发展的敏锐观察和明确解读很好地结合为一部文集，该书以编年体例记录了那些决定中国命运的重大事件和重要人物。

此书编入了六十三篇文章，既讲述了典范式的中巴双边关系的诸多方面，比如高层互访、务实合作与在对方艰难困苦时刻的相互援助，又涵盖了关于中国所取得的巨大经济进步和建立国际金融体系等诸多方面成绩的相关内容，涉及的主题和领域相当广泛。

这本书的引人注目之处在于，作者基于其个人的亲身经历和所见所闻，讲述了中国从一个第三世界不发达国家到今天的世界大国的发展历程。哈利或许是首位记录对跨越四十年的中国的观察，分析中国的发展，并以著作形式把这些呈现出来的巴基斯坦作家。《中国故事：改革开放四十年成功转型之路》一书文笔优美，简单易懂，也包括一些趣闻逸事，表现了作者轻松叙事的一面。

哈利在该书中高度赞誉了现代中国的奠基者们——毛泽东主席、周恩来总理、邓小平副总理和现任国家主席习近平；他还是乌尔都语版《习近平谈治国理政》的总编审。同时，哈利的写作也体现了他广博的历史知识，书中收集了关于中国古代航海家郑和开启中国通向世界的海上航道的故事。

S.M.哈利先生从巴基斯坦空军退役后转型为一名新闻工作者，他把多次

中国故事：改革开放四十年成功转型之路

造访和考察中国的观察和认知汇集成了这本有意义的著作，其文章的字里行间流露出对中国和中国人民的真挚感情。哈利不仅是一名多产作家，而且是颇有建树的电视访谈节目主持人。我作为中华人民共和国驻巴基斯坦大使首次做客巴基斯坦电视访谈是在 2014 年 2 月，即时任巴基斯坦总统马姆努恩·侯赛因阁下访问中国之前夕，那就是哈利主持的经典节目"防御与外交"，他对中国的真挚感情、广博的中国历史知识与对访谈节目主持的专业把控能力，都给我留下深刻印象。

哈利先生是中国和中国驻巴基斯坦大使馆的真正朋友。我由衷地感谢他创作出这样一部展现中国和巴基斯坦全天候战略合作伙伴关系的崇高之境的著作，为巴基斯坦人民了解中国打开一扇新窗。特别值得一提的是，哈利对中国的认知源自其深度洞察，他给巴基斯坦人的建议基于其中国经历。我祝愿哈利先生未来一切顺利，事业更上一层楼。

中华人民共和国驻巴基斯坦大使孙卫东
2015 年 11 月于伊斯兰堡

序　言

《中国故事：改革开放四十年成功转型之路》是空军上校哈利所写的与中国主题相关的文章选集，在巴基斯坦关于中国主题的出版物相对有限的情况下，此书尤显珍贵。此文集是作者在其个人亲身经历基础上对中国发展的阐述，叙述始于1974年作者作为空军飞行员首次飞往中国。哈利的文章告诉我们，在1974年到1987年之间，他曾多次到中国执行任务和进行考察。2010年，哈利在时隔23年后再次访问中国，这次是作为新闻工作者，承担新闻报道任务。就是在这次访问中国期间，我在北京首次与哈利相遇。那年，应中华人民共和国政府的邀请，被选出的巴基斯坦媒体代表团来华参加中国和巴基斯坦建交60周年庆祝活动的，哈利是代表团的一员。我饶有兴趣地阅读了哈利关于当代事务的文章，观看他主持的电视节目"防御与外交"，对哈利先生逐渐有了较深入的了解。

有趣的是，编入此文集的所有文章均写于2010—2015年这6年中。哈利凭借其敏锐的观察力和强大的记忆力，生动描写了1974年以来的中国，并对过去和现今进行比较。他的叙事让读者看到了中国在过去40年里所经历的飞速发展。

哈利对中国有着深厚的感情，此份真情流露于此书的序言和他的所有文章中，也正是透过这些文字，我们看到了已经取得巨大和快速发展的中国人民对巴基斯坦人这份挚爱的慷慨回应。哈利回忆起首次到中国的情形，当他和同行空军机组人员走下飞机时，现场的工人们呼喊"中巴友谊万岁！"。数十年后，2010年，当哈利及其媒体代表团成员访问浙江义乌时，义乌市的主要商业大厦上打出了巨

中国故事：改革开放四十年成功转型之路

大的电子横幅"欢迎巴基斯坦媒体朋友！"。30多年的时间，中国人民一直保持着他们的热情好客传统，虽然表达此种真情的形式发生了改变。

作者广泛论述了中国在工业、农业、贸易、商业、信息技术、通信、防御等领域的迅猛发展，也阐述了中巴关系诸方面的发展。中巴关系既不是零和博弈，也不仅仅是交易。恰恰相反，巴基斯坦一直欢迎中国对其所有邻国提出建议。基于相互信任，中国和巴基斯坦的关系在不断加强和巩固中持续发展。作者在书中说"远亲不如近邻"，这也是大家非常熟悉的一句中国谚语。作者还对金砖银行（BRICS Bank）和亚洲基础设施投资银行（AIIB）做了分析。

作者曾到访过中国的很多地方，这样的经历使其能够把握中国民族文化的多样性。因此，他在书中认真记录了中国政府为保护其文化遗产所采取的各项举措。《云南民族政策的成功》《新疆——中国奇迹》《巴基斯坦在昆明获得荣誉》等几篇文章精彩逼真地说明了这点。

作者还阐述了中国政府对短期和长期规划与长期和短期目标的管控，以及持续治理，认为这是中国领导集团的智慧标志。作者也指出了巴基斯坦的一些政策缺欠。他将巴基斯坦与中国进行比较，有些心痛，表示希望自己的国家有志于学习和借鉴其巨大和成功之邻邦的一些好做法。

令作者感到痛惜的一点是，巴基斯坦虽然比中国早两年取得独立国家地位，但是却还没有像中国一样意识到自己的潜力。他指出了巴基斯坦发展的诸多机会，认为巴国通过进行较好的规划，平衡把握来自与中国"全天候战略合作伙伴关系"的支撑，是可以取得快速发展的。

哈利的文集将成为认识现代中国和中国人民的重要来源，也是了解巴基斯坦与其坚定朋友中国的持久不变关系的重要资料。

我了解到，哈利正在编辑其关于中国主题的乌尔都语文章。关于中国的乌尔都语的出版文字十分缺乏，他的书将受到巴基斯坦读者的欢迎。因为巴基斯坦人民赞赏中巴两国历久弥坚的战略合作伙伴关系，但是他们对中国人的哲学思想和世界观还没有全面了解。

空军上校哈利正在努力前行，致力于增强巴基斯坦人的中国意识，让更多的

序 言

巴基斯坦人了解中国及其在区域和世界上的角色,以及中巴关系存在的真谛。我衷心祝愿哈利取得成功!

伊斯兰堡战略研究院院长、巴基斯坦前驻华大使 马苏德·汗
2015 年 11 月于伊斯兰堡

作者序

另一天的记忆

我爱上中国是在 1974 年,那年,我作为巴基斯坦空军 C–130 的一名空乘机组人员——空军少尉首次飞往乌鲁木齐——中国新疆的省会。读者们在此可以做一个简短的回忆。经历了 1965 年和 1971 年巴基斯坦 – 印度两场战争,巴基斯坦的军事资源几近枯竭,而西方国家却变本加厉,对巴基斯坦进行强行制裁。

就在这关键时刻,中国——巴基斯坦的强大盟友和最挚爱的朋友伸出援救之手。尽管中国自身处于紧缩发展时段,也缺乏最先进的科技,但还是竭尽全力补充巴基斯坦的国防急需。

由于我们的军事需求,我们需要在天气允许的情况下每周多次飞往中国。日复一日,这样的飞行访问我们持续了近 20 年。这些年中,我个人曾数十次飞往中国,目睹了中国发展进步的质的飞跃,留下了许多美好的记忆。

我永远也不会忘记那些早年的经历。飞入中国领土境内,映入眼帘的是一望无垠的大地及其上面稀落落地散布着的一些人口相对集中的居住点。所经航站点的助航设施极其少见,且大多时间处于关闭状态。无线电导航台只有在飞机几乎飞到头顶上方时,才打开使用一下;一飞过航点,马上关闭,以便节省能源。

我们的飞机首次着陆于乌鲁木齐机场,那里的设备让我们感觉就像到了 20 世纪 70 年代初的斯卡都(Skardu)。[①] 但是,我们的飞机引擎刚一关闭,就感

[①] 阿萨德克什米尔地区的旅游城市。——译者注

中国故事：改革开放四十年成功转型之路

受到了当地人对我们无比热情的欢迎，那是难以忘怀的。在机场附近工作的一群工人在飞机步桥两侧各排一队等候我们的到来，我们一出驾驶舱，他们就开始鼓掌，并高喊称赞中巴友谊的口号。我们被他们的举动深深地感动了，激动地向他们频频挥手致敬。我们每次的停留时间不超过几个小时，补充飞机燃料，并将我们计划载走的防御设备装机。

在我们等待装机期间，当地人准备好了一顿堪称奢侈的丰盛午餐。一次，我不经意间向宴会厅外瞥了一眼，恰好看到普通中国人在用午餐，他们的午餐只有白米饭和一碗汤。当全中国人过着勤俭节约的生活，食用简餐的时候，他们却以礼待王室的豪华宴会款待巴基斯坦客人。为此，我无比感动和万分感激。

在那些日子里，中国全体人民，不论男女，都身着灰色、蓝色或绿色制服，头戴"毛式帽子"。① 因为服饰的高度统一，所以难以辨认出性别。这类制服衣着在20世纪80年代晚期几乎被淘汰，从那时起，各式各样风格的服装越来越流行。

午餐后，如果我们在离开之前想要购物，鉴于机场离市区有一段距离，有两位女士会带来两个铁箱，里面装有那些年月里流行的一些小饰物和纪念品，包括丝巾、纸扇、玩具、热水瓶、茶杯、灯笼和中药清凉油等。在那个年代，中国的工业还处于形成阶段。

我们通常尽量在天黑前飞回伊斯兰堡查克拉拉空军基地（Chaklala Airbase）。有一次，因为恶劣天气，我们不得不留在乌鲁木齐过夜。我们被安置在机场招待所。为了打发时间，住处相关人员问我们是否想打篮球，并给了两个供选择的对手：男队或女队。我们选择了与女队开战，因为我们觉得我们一定会有优势。遗憾的是，中国女子都是相当专业的球手，我们一败涂地。

还有一次，我们也是不得不留宿乌鲁木齐机场。早早吃过晚餐后，住处负责人装配好了电影屏幕和放映机，给我们放映了一部中文电影。电影是关于一个中国男青年和一个女青年相识相恋，共同阅读毛泽东主席的红宝书，并下决心为人

---

① 此处指毛泽东主席。——译者注

作者序

民和社会做好事的故事。因为实在劳累，我们看电影时睡着了。电影放完，电灯打开的时候，有人叫醒了我们。我们睡眼蒙眬，但还是告诉我们的主人："巴基斯坦朋友喜欢这部电影！"我们的中国朋友笑盈盈地开玩笑回答说，"朋友更喜欢睡觉"。

  我们终于准备睡觉了，招待所工作人员为我们提供了厚被子，屋子里的电炉子也烧起来了；但为了节约能源，只过了一会儿，电热器就被关掉了。那时候的中国，还没开始使用太阳能、风能和原子能。

  还有一次，连续几天的恶劣天气把我们困在了乌鲁木齐，其间，我们想要到一所清真寺做周五聚礼祈祷。我们被护送到清真寺，看到很多中国穆斯林都在寺里祈祷。做完礼拜，走出清真寺的时候，我们与那些穆斯林群众握手道别，想要跟他们说话，却语言不通。我想出了一个独特的交流方式：我背诵了《古兰经》的第一句经文，一位长者背出了下面一句，于是，我们之间的社会交流就这样间接地展开了。

  倏然间，我注意到几位穆斯林每人端着一杯水站在那里，并把水杯伸手举到我们面前。我非常感动，以为他们想要给我们水喝，让我们解渴，便抿了几小口。但我们的陪同人员给我们解释说，在这些人眼里，我们是虔诚的穆斯林，所以，他们希望我们在诵读《古兰经》经句之后，在他们的水杯上吹吹。他们会把这杯水带回家去，给家里的病人用，以便病人们早日康复。

  1976年9月9日，毛泽东主席逝世，消息传出的时候，正赶上我们在乌鲁木齐。全中国人都悲痛欲绝，我们这些巴基斯坦人听到这个消息后，也像被千钧巨岩猛击在头。经过一段时间的哀悼后，当我们下一次飞行再回到乌鲁木齐时，整个国家仍然陷于哀痛之中，但是我们继续享受常规的午宴。在午宴开始之前我们的东道主有一个礼节性的习惯做法，即他们通常举杯祝愿"布托总理"和其他巴基斯坦相关领导人"身体健康"，而我们则回应"祝毛泽东主席身体健康！"。由于这是在毛主席逝世后我们第一次回中国，在宴会开始前，代表团的领导问我毛泽东主席的继任者的名字，以便他在举杯祝愿的时候能够说出其名字。我告诉他毛泽东主席的接班人名叫华国锋。我们的代表团团长为了记住这个名字，重复了好

中国故事：改革开放四十年成功转型之路

多遍。宴会上，他起身举杯祝愿，但仍然忘记了中国新领导人的名字，只好脱口说出："祝 KUNG FU 主席健康！"。

在后来的一次北京访问期间，我们被安排参观长城。正赶上祖哈尔祈祷（Zuhar，下午祈祷）时间，① 我们决定单独在一边集合，一起做礼拜。那是在20世纪80年代中期，北京一带的人还不甚了解伊斯兰教。当我们的一名机组成员发出阿赞（Azan）时，② 旁边的一些中国人以为他在唱歌，便跟着一起唱起来。祈祷开始后，一些人猜想我们在做操，便开始跟着模仿，不少人拿出照相机来拍照。

有太多太多的故事，写几卷书才能把它们都记下来。其中有些故事写在了这本书的多篇文章里。作为一名飞行员，我曾屡次飞到中国，除了乌鲁木齐外我还飞到过北京和中国的很多其他地方。其中有多次飞行任务属高度机密，不便在文章中描述，但是它们无疑丰富了我的经验，也让我欣赏了中国的许多美丽风景。

我最后一次作为机组人员访问北京是在 1987 年。那时的中国已经行进在发展之路上，人们可以看到诸多变化。即使在 1987 年，北京已经有 6 车道交通了，但其中 5 个是自行车车道，一个是机动车道。街上只有少许汽车，中国人整体上仍然维持着一种节俭和简单的生活。

相隔 23 年之后，2010 年我再次来到中国。2001 年从巴基斯坦空军退役，但是，我一直渴望再度造访中国，因此，持续跟踪关注中国的跳跃式进步，在选择从事新闻工作职业后，我便开始写与中国相关的文章。终于，在 2010 年，中华人民共和国政府邀请一个巴基斯坦新闻记者代表团出席中国和巴基斯坦建交 60 周年庆典，我荣幸成为代表团的一员。我的梦想实现了，当我目睹中国所取得的辉煌炫目的成就时，我着实感到震惊。一座座不同的城市展现了同样的发展和进步，就连我亲爱的乌鲁木齐所发生的变化也令我兴奋不已。所有这些都可以在本书的文章里读到。

在北京，一个明显的交通变化引起我们的注意，原来的 6 车道街道依旧，不过与之前不同的是，此时其中的 5 个车道用于汽车，一个车道留给自行车用。还

---

① 这是穆斯林一天五次祈祷中的第四次。——译者注
② 祈祷召唤。——译者注

作者序

能有比这更显著的改变吗？

在我第一次飞行到中国的时候，数名工人在步梯两侧排队喊着"中巴友谊"的口号欢迎我们。当我们在2010年12月作为媒体代表团成员访问浙江义乌时，该城镇的主要商业大厦正门上方打出了闪亮的巨大电子屏幕，上面映出"欢迎巴基斯坦媒体朋友"的字样。中国人的热情款待和欢迎词没有变，但科技的进步改变了媒介形式。

后来的数次中国之行给我机会，使我能够亲身经历和见证从紫禁城到经济大国的穿越：上海的繁华，重庆的雅致，杭州的惊人之美，义乌的商业智慧，青岛的精心规划和井然有序、建筑的科学奇迹，即当时世界上最长的海上桥梁——青岛海湾桥，连接青岛市区与黄岛区，横跨胶州湾海域，还有充满创业精神的云南省。更难忘的还有乘坐特快列车的美妙经历，它轻快、无噪声、高速（比子弹头火车还快），在我看来，中国的特快列车在诸多方面都象征着中国发展之"平稳"。这些奇妙的经历促使我写下了百余篇文章，其中的多篇收集和编辑整理成为此书。2015年"中巴友好年"的发起推动我产生了编辑该书的想法。书中的文章是按照其发刊年月的先后排序的，最近发表的排在前面，较早发表的排在后面。

长久的历史知识学习和积累与到世界多地的游学和考察经历使我认识到，昔日的帝国主义国家，诸如17世纪、18世纪和19世纪的英国、德国、法国、尼德兰、葡萄牙和西班牙与20世纪的美国先后在亚洲和非洲建立殖民地，为填充其工业发展所需的巨大原材料需求胃口，他们抢劫和掠夺这些"依附"地区的财富。相反，历史上遭受多个帝国主义国家侵略的中国则能够意识到剥削行为的陷阱。中国的工业发展需要定期的燃料供应。为此，在开发天然气和化石燃料的同时，中国开发了风能、太阳能、水利和原子能等可替代性资源。中国可以从其邻国那里获得这些资源，但却不是通过侵略、殖民或敲诈这些国家，而是给他们提供生产性办法，这对中国和供应国均有益。技术转让、盈利共享、软贷款、基建投资和有利可图的解决方案，这些均可以促成双赢的结果。这样的政策不具有霸权主义企图，预示着一个地区的和平发展，与西方国家几个世纪的奴役、嫉恨和剥削政策和行为形成鲜明对比。

中国故事：改革开放四十年成功转型之路

作为巴基斯坦空军的空运指挥部（PAF's Air Transport Command）的一名空勤人员，我飞行到过世界上很多地方，我以自己的亲身经历证明，中国让我感受到了作为一名巴基斯坦人，所得到的来自普通人的那份不夹杂任何外交手腕和不可告人目的或借口的真爱和热情。

我对中国的兴趣传给了包括我自己的孩子在内的下一代。我长子结婚时，在没有我的任何督促或提议的情况下，他们选择了去中国度蜜月。这令他的朋友们感到惊讶，因为他的朋友们各自选择了其他国家作为蜜月目的地。我的儿子、儿媳在中国大陆和中国香港度蜜月一个月左右，带回满满的美好记忆，其他人也开始考虑选择到中国去度蜜月。

我的次子选择去中国深造，在武汉大学攻读博士学位。他蹒跚学步的儿子已经会说几个汉字了，并希望将来进中国本地学校上学。

最后，奉上我的绵薄之力，供您批评指正。笔者仅将此书献给具有进取精神的中国人民，献给中国和巴基斯坦两国人民之间的久经考验、证实与相互信赖的友谊，这是一种超越语言、宗教、等级和意识形态障碍的友谊。巴中友谊万岁！

S.M. 哈利
2015 年 11 月于伊斯兰堡

习近平隆重访问巴基斯坦

《每日时报》2015 年 4 月 28 日

在中国和巴基斯坦两国历史上的重大时刻，我们迎来了盼望已久的中国国家主席习近平对巴基斯坦的访问。中巴关系是历经考验的多方位关系，但是，在变动中的地区和全球情势下，中国领导人出访巴基斯坦，与巴基斯坦政府领导集团交流意见，预测前景，是十分必要的。

阿拉伯世界的激烈冲突、西方国家削减其在阿富汗的军力、阿富汗总统阿什拉夫·加尼表示支持中国和巴基斯坦与其一道打击威胁三个邻国的恐怖主义的积极态度，所有这些使得中国和巴基斯坦两国领导阶层必须共同寻求解决办法。

许多巴基斯坦人会仅仅从中国在巴基斯坦的投资发展工程倡议的视域看待习近平主席的此次访问。其中最重要的就是中巴经济走廊（CPEC），它是习近平主席"一带一路"倡议（OBOR）的组成部分。毫无疑问，习主席的访问推动了中巴经济走廊的启动。中巴双方已经组建了监管中巴经济走廊工程顺利推进的联合战略团队，尽管有一些政治批评者目光短浅，但也无法阻碍中巴经济走廊建设的顺利前行。可是，其他信奉教条主义的政客只会问，中国的投资会给巴基斯坦带来多少金钱价值？

我认为，是时候摒弃那种以财政收益来量化国家与国家关系的狭隘眼光了。中巴关系已经从政治层面发展至战略层面，习主席的这次重要

中国故事：改革开放四十年成功转型之路

访问确定了中巴关系转化为全天候战略合作伙伴关系。中巴关系的提升除了包括经济发展项目外，还有军事和国防技术合作领域。在充满挑战的大环境下，国防合作对于维护巴基斯坦的国家安全至关重要。习主席和巴基斯坦领导层一致重申中巴战略合作伙伴关系不特别针对任何国家，相反，其目标是在一个动荡地区维持和平、稳定和安全，并在一个诸多政策制定者为保障自己的利益而变换盟友的环境下进行自我保护。

如果一个人在排除个人情绪影响的条件下，评估习近平主席此次巴基斯坦宏大之行的核心价值，他/她会得出结论：此行旨在促动中巴双边关系的经济领域合作，使其与政治和战略领域合作比肩推进。

习近平主席发布了十分清晰的声明：中巴双方达成了一致，即两国政府和民间寻求成为命运共同体。习近平主席突出强调了"中国梦"的宏大界定，同时，也确定了其与"巴基斯坦梦"的吻合。具有战略意义的瓜达尔港、中巴经济走廊、海上丝绸之路均成为中巴两国实现共同梦想和抱负的前进道路上的几个里程碑工程。

巴基斯坦正在经历其历史上最不平静的一个时刻。恐怖主义威胁、经济症结、严重能源短缺、就业机会缺少、法律法规欠缺，所有这些都将巴基斯坦推入深深的无望困境。医治巴基斯坦痼疾的灵丹妙药是，有选择和分轻重地逐步发展基础设施，这包括通信、贸易、商业、健康卫生、教育和能源等各个领域。巴基斯坦有中国这样的"铁哥们"随时准备对其伸出援助之手，中国对巴基斯坦不是施舍，而是在尊重其主权的前提下帮助其自食其力。水电、煤电、太阳能、风力和原子能等资源的开发将使巴基斯坦在能源部门自给自足，教育、健康和通信设施的开发将为巴基斯坦下一代学生、企业家和商人创造更好的未来。

亚洲基础设施投资银行（AIIB，简称亚投行）的创立使巴基斯坦这样的发展中国家看到了巨大希望，他们需要从国际货币基金组织（IMF）

习近平隆重访问巴基斯坦

和世界银行严苛的条件下解脱出来，转而成为亚投行友好章程的受益者。

我们不需要对中国在巴基斯坦的早期收获工程上的460亿美元的投资价值做无休止的讨论。相反，应该认真努力付诸行动，从而及时高效地完成各项工程，充分利用我们的资源。

阻碍中巴关系的诸多麻烦之一是，人们就一些工程项目的开展做毫无意义的辩论。鉴于中巴关系建立在相互信任的基石之上，我们不要想当然地发表不必要的批评意见，不要就工程开发需要的设备技术吹毛求疵，以防污名中巴关系。如果我们扩大视域就会发现，巴基斯坦政府在中巴经济走廊建设的实施方面，也必须更加透明。

习近平主席此次对巴基斯坦的访问，给陷于消沉的巴基斯坦人提起了士气和精神。此访之高潮在于，中巴关系提升至"全天候战略合作伙伴关系"。这是世界上独一无二的双边关系，没有任何其他国家享有此特权。让我们努力保持这个关系，将其推进到新的高度，让我们携起手来共同实现我们的梦想。

平和新疆

《每日时报》2015 年 8 月 4 日

在最近的一次新疆之行期间,听说中国政府采取了一系列具体措施,旨在让新疆居民保持和平心态。有报道言称,新疆的一些民族社团①认为他们被剥夺了权利,几近发起暴力骚乱。政府对维吾尔族人零星的过激和挑衅行径没有予以否认。一方面,中国政府通过法律程序惩治骚动分子;另一方面,开始精心制作全面提升自治区发展的计划。新疆有可能成为习近平提出的"一带一路"倡议,或称"新丝绸之路"的最大获益者。从新疆西部城市喀什开起的中巴经济走廊已经成为"一带一路"的关键工程,是连通中亚和欧洲的综合基础设施通信工程。

这个经济提升发展工程的效益日益显露,新的工业城市、经济特区、公路和铁路网正在形成。与此同时,我们也必须赞扬中国政府所采取的维护新疆维吾尔族人民平和心态的举措,一方面,保持维吾尔人的民族身份,保持他们的文化传统和风俗礼仪的自豪感;另一方面,通过实施某些措施将他们的文化遗产变成产业创收。

此访期间,我们还观看了一个令人难忘的丝绸之路演出,这场演出由才华横溢的少数民族创作和表演,他们运用了丰富的象征主义、舞蹈艺术和表演艺术等手法和创作技巧。中国文化的多样性鲜明地表现在其

---

① 此处指维吾尔族社团。——译者注

平和新疆

少数民族的兴旺发展方面，他们保持了自己的文化传统、生活方式，同时，各少数民族从其文化遗产中收获经济效益。离乌鲁木齐大约90公里处的哈萨克民族村就是一个这样的景点。哈萨克族是中华人民共和国官方承认的56个少数民族之一，他们是游牧民族的后代。依据气候的周期性变化，他们曾经过着从一片草地到另一片草地的逐水草放牧生活，后来在新疆定居下来。在哈萨克民族村，他们保持着传统的居住方式，住在骆驼皮帐篷——蒙古包（yurts）里。为了吸引游客，他们编织地毯和垫子，制作民族饮食，表演民族舞蹈，向游客展示他们的婚礼习俗和其他的哈萨克族传统仪式。景点的收入，加上政府发放的津贴和补助，足以保障他们过上相当不错的生活。

除了这个民族村之外，哈萨克族人还在天湖有一个景点——天山天池民族园，位于海拔约1910米的高度。这里除了划船这一主要娱乐项目外，哈萨克族人还在他们的蒙古包里提供其特色美味佳肴；蒙古包的内部装饰精美，有各种各样色彩鲜艳和图案精致的毯子、床罩和墙幔。

政府也在吉尔吉斯族、回族和其他少数民族中间实施同样的政策和做法，以合理的价格，给他们提供配套设施齐全的现代民居。他们从政府那里得到生活津贴，同时也保持经营自家的牧群、农田或接待游客的项目，这些都是额外的收入。政府对这些少数民族的一个重点考虑是，必须保障他们在各种工业和经济振兴工程中的就业机会，包括管理者职位，这要根据每个人的资历和经验而定。

为了保证新疆人的安定，中国政府建立了诸多个创新型产业体。新疆本地的艺术家、表演者和工匠们被分配到不同的单位，施展他们的特殊才艺。这些产业体设施场所分布在不同的城市，包括绘画、雕刻、书法、编织、缝纫与戏剧、音乐等表演艺术和其他诸多专业技能。少数民族和退休人员充分利用这些设施场所来展示他们的才艺，同时将他们精湛的技艺广而告之，广开财源。此外，还经常组织艺术展、节日庆典和其他演出活动，为少数民族创造扩大影响和增加财富的途径。

维吾尔族是新疆最大的少数民族社团，他们是所有的创新产业工程的最主要关注群体。维吾尔人音乐传统中最引人瞩目的是"木卡姆"（Muqam），包括歌曲、舞蹈、民乐和古典乐，其特点是内容、编舞艺术、乐风和乐器应用的多样性，歌曲的韵律各式各样，表演方式有独唱与合唱。歌词不仅包括民谣，而且有出自维吾尔族古典音乐大师之手的诗作。新疆维吾尔族人的木卡姆发展出了四种主要的区域风格，即十二木卡姆、刀郎木卡姆、吐鲁番木卡姆、哈密木卡姆。2005年，联合国教科文组织（UNESCO）将新疆维吾尔族木卡姆确定为人类非物质文化遗产。新疆政府在喀什修建了一个博物馆和民族乐器村，乐器村为游客和参观者制作传统乐器，呈现各种震撼表演。

新疆平和实践的一个至关重要的组成部分是少数民族行使其宗教礼仪的自由程度问题。我的观察是，维吾尔族穆斯林和其他少数民族一直遵守和保持着他们的宗教信仰和精神习俗、传统和风俗习惯，这个过程从未被中断，也没有受到干扰。

中巴经济走廊——喀什视角

《巴基斯坦观察者》2015年7月31日

对中巴两国人民而言，中巴经济走廊是一个必须实现的目标，因为它编织着巴基斯坦和中国两国人民的梦想，它将朝着更好的方向改变两国人民的命运。早些时候，笔者曾到过中巴经济走廊的南段，即位于巴基斯坦面积最大省份俾路支省的战略港口——瓜达尔港。在新疆维吾尔自治区成立60周年之际，笔者又有幸到喀什考察。新疆是中国面积最大的省份，古丝绸之路遗址和新丝绸之路的节点均位于此地，喀什是这次参观考察的最后一站。

作为一个历史战略重地，喀什有着2000多年跌宕起伏的历史，汉代、成吉思汗、唐朝、清朝、帖木儿人、西藏人、阿拉伯人、突厥人、波斯人和汗国等王朝和族群先后征服和控制此地。1949年，喀什最终成为中华人民共和国的一部分。

喀什是一座约有35万人口的绿洲城市。地处中国的最西端，与巴基斯坦、塔吉克斯坦和吉尔吉斯斯坦三个国家为邻。历史上，喀什是古丝绸之路上的贸易商站和战略重地。不过，曾有一段时间，喀什几乎被忽视，也曾一度不太安宁。

喀什市是中华人民共和国的一个县级市，而其所属的喀什地区面积有16.2万平方公里（6.3万平方米），人口约3500万，以维吾尔族为主，

中国故事：改革开放四十年成功转型之路

还有汉族、塔吉克族、吉尔吉斯族、回族和其他少数民族。谁能想到这个具有寒冬炎夏极端气候的世界最干燥城市之一的沉寂小城会重新成为世界地图上的亮点呢？

2009年乌鲁木齐发生骚动后，中国政府将喀什地区确定为经济特区（SEZ），类似2010年成立的深圳经济特区，旨在刺激其振兴经济、支持区域投资和稳定社会。习近平主席的"新丝绸之路"倡议进一步促使喀什成为扩展区域和国际经济合作活动的发射台。

2008年四川地震后，喀什对其老市区的建筑物做了重新加固，以保障市民安全。在一些市民的要求下，少数的古代土泥房屋被保留下来。这些老房屋被作为文化遗产得到保护，成为吸引游客的旅游景点。在这些地方，陶工、织工和其他工匠继续着他们经营了6代之久的家族生意。高耸的公寓、购物中心和商业大厦等现代建筑复制了古代伊斯兰建筑式样，保留了传统的喀什装饰风格。

喀什经济特区的建设热火朝天，起重机、推土机和巨大的建筑机器奔忙在新工业城市的工地中，呈现出一派太空时代的建设景象：交错的道路、各省的商会和交易会大楼、用于承接常规高铁服务的新火车站、公交服务和集装箱码头配套设施的现代化机场、超大型酒店、商业区和崭新的双子塔。

根据负责喀什经济特区规划和开发的官员的简报，特区建设的准备工作正在有条不紊稳步进行中，包括积极面对和接受挑战的准备，力争在2030年收获工程效益。建设中的双子塔（或称喀什发展大厦）位于经济特区的核心圈，是作为新疆的一个基准工程设计的，建成后将成为中国西部和中亚地区的最高界标。双子塔预计建设周期为四年，设计抗震力为10里氏以上。该工程总涉及规划包括一个五星级希尔顿酒店、国际免税商业区、五A级办公大楼、配备环保型高级智能设施的豪华公寓、成熟的商业服务软硬件设备和服务。

喀什经济特区建设全部由中国自己完成。为了促进喀什从一个边缘城市过渡到繁忙的大都市，中央政府委派广东作为其开发设计合作伙伴，来自广东的官员们以成功的深圳特区为样板，正在紧张地设计一个新的喀什特区。喀什特区建设工程的初始投资为11.4亿人民币（约合1.86亿美元），该工程被纳入西部地区"十二五"规划（2011—2015年）。此工程2011年启动实施，预计到2020年完成，来自广东的用于基础设施建设和社会福利事业的投资将达到96亿人民币（约合10.6亿美元）。

目前的喀什机场主要经营国内业务，只有一班国际航班，是与巴基斯坦国际航空公司合作的，运营者是巴基斯坦私人航空公司"锐眼"（Rayyan），每周一次，往返喀什和伊斯兰堡之间。飞往迪拜、新德里、瓜达尔、比什凯克、杜尚别和其他目的地的航班也即将开通。

规划中还有一条2000公里长的煤气管道，从土库曼斯坦，经由塔吉克斯坦和吉尔吉斯斯坦，到喀什。在新疆阿图什市附近设厂炼油和输油，设计通气量650亿立方米。

中亚国家给中国供应原油，中国将原油转化为成品，在国内和国际市场上销售，这是一种共赢的安排。中国改革开放愿景的一个引人瞩目之处在于，它不单单依靠贸易、商业和工业，旅游业备受重视。喀什已经吸引了大量的国外和国内游客，随着交通基础设施的到位和完善，这里的历史、考古和具有民族特色景点的旅游业将会更加兴旺。2005年，维吾尔族传统音乐十二木卡姆被确定为联合国教科文组织人类非物质遗产，在疏附县修建了民族乐器村，现在世界各国的音乐爱好者们开始涌向喀什。

伴随商贸的兴旺发展,安全问题成为中国考虑的头等大事,因为中国不允许发展道路上出现意外,那将影响中巴经济走廊工程的推进。

巴基斯坦需要为中巴经济走廊的启动实施加快自身的准备工作,需要学习中国精明规划的经验。

新疆——丝绸之路的支点

《每日时报》2015 年 7 月 28 日

新疆维吾尔自治区，通常称作新疆，是中国最大省份，地处中国西北。面积 166 万平方公里，与蒙古、俄罗斯、哈萨克斯坦、吉尔吉斯斯坦、塔吉克斯坦、阿富汗、巴基斯坦和印度 8 个国家毗邻，堪称名副其实的欧亚大陆桥头堡。新疆有着数千年的历史，是 55 个民族的故乡，少数民族占新疆总人口的 61%，共计 2264 万人。新疆是多个文明的大熔炉。新疆曾是古代丝绸之路上的重要通道，古丝绸之路作为一个贸易和商业网络，在连接西方和东方的亚洲大陆地区的文化互动中发挥了核心作用。在不同的历史时期，往返于中国、印度和地中海一带的商人、朝觐者、僧侣、教士、士兵、牧民和城镇居民曾在古丝绸之路沿线经营着各自的事业。古代丝绸之路绵延 6500 公里，其名称源自曾经流通于这条商道上的高利润的中国丝绸贸易，该贸易始于中国汉代（公元前 206 年—公元 220 年）。中国人、古希腊人、拜占庭人、波斯人、印度人和阿拉伯人都曾经是这条商道上的主要商贸活动参与者，同时，他们也为政治、文化和宗教的整合作出了各自的努力。除了社会的、商业的和精神层面，古丝绸之路深深影响了未开化的游牧民族社会的发展。这些游牧民族社会昔日处于隔离状态，古丝绸之路将他们与文明社会连接起来，给他们提供了财富和机遇。盗匪们转型成为专业兵士，他们攻占富有的城市，霸占肥沃的农田，建立起强大的军事帝国。随着以寻求中国和

中国故事：改革开放四十年成功转型之路

印度财富为动机的海上线路的开发，古代丝绸之路逐渐失去了其曾经的活力。

2013年9月，习近平主席在出访哈萨克斯坦期间的一次演讲中，提出了新丝绸之路经济带的战略愿景。新丝绸之路愿景的原则、框架、优先合作重点和机制，即是大家熟知的"一带一路"倡议的一部分，旨在提升区域关联性，争取实现一个共同的更光明的未来。"一带一路"整合跨亚、欧、非三个大陆的线路，将这一端生机勃勃的东亚经济圈与另一端的欧洲发达经济连接起来。

新丝绸之路重点联结中国、中亚、俄罗斯和欧洲（波罗的海沿岸），经由波斯湾和地中海，打造中国与中亚和印度洋的通道。21世纪海上丝绸之路则分两条，一条从中国沿海经由南中国海至印度洋，另一条从中国沿海经由南中国海至南太平洋。

新疆在这个宏大工程中占据桥头堡地位。日前，笔者正应邀前来参加新疆维吾尔自治区成立60周年庆典活动，同行的还有中国国内外的媒体代表团。新疆维吾尔自治区政府精心安排我们参观新疆的古代文化景点和新丝绸之路沿线地区。参观景点之一是公元2世纪的耶尔城（Yar city）遗址，考古发掘出土了耶尔城古贸易商道的痕迹。此外，还有各类少数民族聚居村落，这些是在中国政府资助下修建的，是为了展现他们的民族传统。另外，就是一些工业、商业、农业和历史文化中心，它们遍布在吐鲁番、阜康、阿克苏、温宿、拜城、库车、库尔勒、博湖、玉立、喀什、克孜勒苏、昌吉、石河子、奎屯、克拉玛依。

新疆自然资源丰富，战略位置重要，位于不同文明交汇的十字路口，正在积极准备新丝绸之路倡议的启动。自治区政府制定的这样一个周全的参观考察方案，显然给我们提供了一个简要了解新疆的机会。大自然赐予新疆三座白雪皑皑的山脉、水清如镜的湖泊、茂密的草原、蜿蜒的

新疆——丝绸之路的支点

河流、风电场和沙漠，这些都提供了开发旅游、运动和再生能源等行业的诸多良机。此外，新疆还有宝石、煤炭、石油和天然气等矿物资源，它们也均被作为创收来源。

新疆制定了周全的计划庆祝自治区成立60周年，展示其为新丝绸之路倡议启动实施所做的各项准备。2015年欧亚商品和贸易博览会、文化交流和其他演出节目也是中国其他一些主要国内和国际活动的内容。

游览新疆这个广袤无垠的省份，令人兴奋和激动。我观察到，中国的西部地区正在努力追赶东部的发展。同时，新疆作为新丝绸之路工程的桥头堡——这个重要地位正在直面打击那些一度浮出水面的极少数被误导的维吾尔人的骚动暗流。由各少数民族构成的新疆广大群众正在热切地期待收获新丝绸之路建设结出硕果。

中国引领成立亚洲基础设施投资银行

《南亚杂志》2015 年 7 月

2015 年 6 月 29 日，中国领导的区域合作银行——亚洲基础设施投资银行（AIIB，简称亚投行）在北京人民大会堂正式宣布成立，57 个国家成为创始成员国。我们首先必须仔细思考该银行的需求，然后再来考虑其利弊。

75 年前的 1944 年 7 月 1—22 日，来自 44 个盟国的 730 名代表汇聚在布雷顿森林（Bretton Woods）联合国货币金融国际会议上，讨论制定第二次世界大战后的国际货币和金融秩序。作为这次会议的成果，国际重建和发展银行（今天的世界银行集团的一部分）和国际货币基金组织成立。布雷顿森林货币体系并不是完全没有异议的。著名的英国经济学家约翰·梅纳德·凯恩斯建议成立一个国际清算同盟计划（ICU）来调控贸易平衡。他的主要担忧是，无偿还能力的债务国不仅负担着最多的债务，还不得不支付更多的利息，从而扼制了全球经济增长。他建议国际清算同盟计划使用其自己的货币（凯恩斯国际货币单位）与银行的国家货币单位以固定比率进行交换。世界最大的债权人美国则提出了一个相反的国际稳定基金（今天的 IMF）建议，据此，保持贸易平衡的重担落在了债务国头上，对富有国家的盈余积累没有施加任何限制。

随着更多的国家经济走向稳定，有必要尝试创建一个相对区域化的框架。1966 年，由日本主导的亚洲发展银行（ADB）的创建就是这样一

中国引领成立亚洲基础设施投资银行

个早期的例子。1997—1998年亚洲金融危机加速了亚洲国家的权力下放过程,国际货币基金组织没有读懂这场危机,没有起到催化改变的作用。一个直接的后果是,东盟10个成员国(ASEAN)、中华人民共和国(包括香港在内)、日本和韩国签署了《清迈协议——区域货币互换协议》。《清迈协议》管理短期的区域流动资产问题,以推动国际货币基金组织等其他国际金融组织和金融事务的进展。

在这样的背景下,要求修改国际金融体制,以应对无节制的资本流动的呼声逐渐增大。2008年全球经济危机将世界主要政治家们聚拢在一起,他们要求实施经济改革。9月26日,法国总统(也是当时的欧盟主席)尼古拉·萨科齐呼吁重新考虑构建一个类似布雷顿森林体系形式的国际金融体系。10月13日,英国首相戈登·布朗表示响应和支持。尽管布朗和萨科齐关系紧张,欧盟领导集团一致要求制订"布雷顿森林Ⅱ";此呼声在2008年二十国集团(G20)华盛顿峰会上达到高潮。会上一致决定采纳凯恩斯财政刺激建议,美国和中国将在这个过程中扮演世界主要角色,但在当时和随后一段时间里,并没有取得国际金融体系改革的实质性进展。

在这种缺失实质性改革进步的背景下,中国人民银行行长周小川在2009年3月发表了题为"国际货币体制改革"的讲演,支持凯恩斯的中央管控全球储备货币的理念。周博士认为,令人遗憾的是,布雷顿森林体系瘫痪的部分原因是没有采纳凯恩斯国际货币单位。这是因为,储备货币发行者要试图同时实现其国内货币政策目标和满足其他国家的储蓄货币需求两个目标,即所谓的"特里芬悖论"(Triffin Dilemma)。要做到一箭双雕显然有困难,也就是说,一个国家的货币不适合作为全球储备货币使用。

2011年12月,英格兰银行发表了一篇赞成改革的论文,文章认为,

中国故事：改革开放四十年成功转型之路

与布雷顿森林体系相比，目前的国际货币体制的实施效果不佳。2012年8月，《国际先驱论坛报》（International Herald Tribune）刊载哈佛大学教授的文章指出，在围绕德国政权的欧洲问题上犯了两个错误，导致了20世纪两次世界大战的爆发；现在欧洲凭自身能力也无法从目前的区域危机中走出来。

在这种情况下，新兴的工业国家，包括巴西、俄罗斯、印度、中国和南非于2013年9月相聚在圣彼得堡市，以1000亿美元的储备货币库组建了金砖国家（BRICS）发展银行。中国投入410亿美元，巴西、印度和俄罗斯各投180亿美元，南非投入50亿美元。储备货币库的组建旨在帮助成员国完善其基础设施建设，并在像欧洲危机那样的全球金融危机时期，充当提供贷款的金融机构。

不久，作为支持率高达50%的最大股份持有者，中国启动了亚投行，旨在为发展中国家提供工程贷款。显而易见，美国把亚投行的成立看作是中国扩大其区域影响和软实力的表现，所以，美国强烈敦促亚投行达到遵守国际管理标准和透明度的标准。习近平主席对美国的保留意见予以回击，他声明新银行将采用世界银行和亚洲开发银行的一流的管理方法，并遵守多边规则和程序。

毫无疑问，亚投行的启动将对现有的世界地缘政治力量的互动方式发生明显的影响。金融和军事力量支撑下的当代单极化世界秩序制造了全球各地的冲突。金砖国家银行和亚投行是为提供另外一种世界秩序所做的准备，这种世界秩序将寻求全球问题和区域问题的实际有效解决。单极的世界秩序曾企图获得或者控制发展中国家的有限能源。取代这个世界秩序将会产生诸多积极结果，比如通过集体主义方式处理核心问题，调节自然资源的合理使用，改善消费者的欲求心理。

尽管七国集团中的英国、德国和法国顺应潮流，加入和成为亚投行

中国引领成立亚洲基础设施投资银行

成员，但美国及其亲密盟友日本、韩国和澳大利亚的缺失更值得注意。根据《澳大利亚金融评论》(The Australian Financial Review) 报道，美国国务卿克里亲自要求澳大利亚总理托尼·艾伯特不要加入亚投行。韩国正在权衡利弊，并在诸如管理和安保等领域争取合理的权限。日本较多地出于政治考虑，而不是实用主义；它远离亚投行，因为在日本眼里，中国领导的亚投行是美国主导的世界银行与日本自身领导的亚洲开发银行的劲敌。日本首相安倍晋三宣布了1100亿美元（稍高于拟议中的亚投行的初始资本）的亚洲基础设施工程投资计划，这显然是为了对抗亚投行的成立。日本执政党——自民党（LDP）内在是否加入亚投行问题上产生了分歧，其党员还在辩论亚投行的利与弊，反对派整体上赞成加入亚投行。自从新西兰加入亚投行以来，澳大利亚担心其最亲密的邻居在地区事务中跃居领导地位，便跟在新西兰之后加入进来。2015年6月24日，离亚投行启动仪式举行还剩仅仅5天的时候，澳大利亚决定成为初始成员国，并签署了相关文件。

多数亚洲国家表示欢迎亚投行的启动。美国和日本在亚投行的发起过程中持有保留意见，对两者而言，或者参与到亚投行的决策中来，获得一个发言权，或者站在篱笆墙外对其吹毛求疵，前者应该比后者好些。对中国来说，应该保证亚投行管理的透明度，采用好的治理方法；应该把亚投行作为世界银行和国际货币基金组织的补充和完善机制，而不是与之抗衡。同时，还要尽力将亚投行建设朝着亚洲-太平洋方向拓展。

孙卫东大使参观木尔坦

《每日时报》2015 年 7 月 15 日

巴基斯坦与中华人民共和国的关系堪称典范。最近习近平主席对巴基斯坦进行了具有里程碑意义的访问，将中巴关系提升至"全天候战略合作伙伴"关系，开启了两国友好关系的新时代。

为践行中巴友谊原则，并配合推进中巴经济走廊建设重点，中国驻巴基斯坦大使孙卫东阁下到巴基斯坦社会多个地区做调研，并实地考察那些位于巴基斯坦发展非常落后地区的工程建设工地。

作为此次重大实地考察行程的一部分，孙卫东先生在 2015 年 7 月 10—11 日访问了木尔坦。根据考察计划，孙大使将会见木尔坦地方政府，就加强双边友好与合作关系交换看法。此外，他还参观了一些工地。

中国非常熟悉巴基斯坦因为能源短缺而不得不面对的困难处境，并采取了各种举措缓解此危机。中巴经济走廊名下有很多工程，它们的建设重点在于增强巴基斯坦面对能源短缺挑战的能力。

孙大使首先考察了由中国公司承建的 2X60MW 蔗渣发电厂，该电厂在应用环保技术和以减少成本方式发电方面迈出了重要的一步。令人振奋和欣喜的是，负责该工程设计和建设的工程师们采用了先进的环保技术，从而保障该发电厂将是一个高效的生物能电厂，将于 2016 年竣工，并添加到巴基斯坦电网中。

孙大使考察的下一站是一家中国轧棉公司和木尔坦棉花研究站。此

孙卫东大使参观木尔坦

工程是中国建立木尔坦棉花工业链和扩展农业合作方案的一部分。木尔坦棉花研究站属于中巴联合生物技术合作实验室项目。2015年4月，中国国家主席习近平和巴基斯坦总理纳瓦兹·谢里夫见证签署了建立联合实验室的谅解备忘录。该研究站已经培育了16种抗病毒、耐热、耐旱的棉花品种。这是特别针对木尔坦地区培育的，这个地区的气温飙升和缺水影响高产作物的种植。

一方面，巴基斯坦谋求与中国合作扩展其工业基地；另一方面，中国认识到了巴基斯坦农业经济的实力，寻求扩展两国农业合作的可能性。这是来自真正朋友的高姿态和祝福，中国努力支持巴基斯坦实现其资源的最佳利用。

孙卫东大使还鼓励中国公司参与巴基斯坦能源工程的建设，以便巴基斯坦人民尽早从长期断电和酷热困境中解脱出来。

孙大使重申中国在中巴经济走廊建设框架下对巴基斯坦的支持，包括基础设施建设和产能合作建设。孙大使还记得2015年是"中巴友好交流年"，因此，他在考察期间特别提到，将给木尔坦的学生提供中国政府奖学金，资助他们到中国学习。中国通过这种方式投资巴基斯坦的未来，以保证两国之间根深蒂固的友谊代代相传。

中国驻巴基斯坦大使对历史城市木尔坦的访问考察具有重要意义，阐释了一个真正朋友对普通巴基斯坦民众的关注，并帮助他们提升能力建设，实现经济繁荣。

巴基斯坦加入上海合作组织

《每日时报》2015 年 7 月 14 日

2015 年 7 月 10 日对巴基斯坦和印度来说都是一个大喜的日子,因为这一天它们递交的成为上海合作组织(SCO,简称上合组织)正式成员国的申请在俄罗斯乌发(Ufa)举行的第 15 次峰会上获得批准。这是上合组织成立 15 年以来的首次会员扩展。最先在 1996 年,中国、哈萨克斯坦、吉尔吉斯斯坦、俄罗斯和塔吉克斯坦 5 个国家联合发起成立"上海五国"集团。2001 年,乌兹别克斯坦加入,改名为上合组织。

上合组织的发起旨在推动友邻关系和友好合作,但却遭到西方国家的质疑。美国著名政治学家托马斯·安布罗西奥(Thomas Ambrosio)认为,上合组织的发起旨在促进中亚的专制主义规范。美国前总统吉米·卡特的国家安全顾问兹比格涅夫·布热津斯基(Zbigniew Brzezinski)进一步发挥地缘政治分析家约翰·麦金德(John Mackinder)的"心脏地带理论",他认为"控制中亚是控制欧亚大陆的关键"。兹比格涅夫还鼓吹说,中国支持下的俄罗斯正在重新点燃其控制欧亚大陆,从而获得世界霸权的野心。

事实相反,代表世界近一半人口的上合组织成员国与联合国、欧盟(EU)、东盟(ASEAN)、独联体国家(the Commonwealth of Independent States)和伊斯兰会议组织(OIC)建立关系,以提升成员国的生活质量。

巴基斯坦加入上海合作组织

在这种环境下,让我们来看一下,巴基斯坦给这个神圣的机构带来什么力量,它又期望从上合组织那里得到什么呢?上合组织关注的重点是其成员国的安全相关问题,集中表现在恐怖主义、极端主义和分离主义等领域。

巴基斯坦作为反恐运动的前哨国家,对上述三种挑战引发的祸害有亲身经历,有权利与上合组织国家共享这方面的经验,其中的一些国家也曾面对上述三种恶行的困扰。巴基斯坦军方建立了顶级的反恐学校,在那里进行在现实场景中打击恐怖主义的训练。巴基斯坦可以邀请上合组织国家联合进行反恐演习,使每个国家与其同伴分享反恐经验,上合组织将通过共同努力战胜恐怖主义,从而摆脱恐怖主义的困扰和威胁。

历届上合组织峰会表明,该组织在引领成员国的社会发展方面取得了一定的成效。恰好在乌发峰会召开之际,1000亿美元储备货币池的金砖国家银行也启动了。这是一个重大成就,因为新的发展银行将是现存国际金融机制的补充,它标志着新"丝路秩序"(Silk Order)的开启,新"丝路秩序"将把美元时代以及包括国际货币基金组织和世界银行布雷顿森林金融基础设施丢弃。

中国首倡的新丝绸之路世界秩序得到俄罗斯的大力支持,俄罗斯也加入中国习近平主席提出的"一带一路"倡议中。新丝绸之路连贯欧亚大陆,包括一个从伊比利亚半岛到中国南海的跨洲的宏大铁路网络,还有连接中国、亚洲其他国家、欧洲和东非的一系列陆上和海上基础设施。

习近平主席的"一带一路"愿景,在地图上看去就像一个马蹄形,中巴经济走廊的成功建设将把它变成一个完整圆圈。巴基斯坦地处战略要地,它位于三个大陆和三条重要的海上通道的交汇处,地处联通中国与中亚国家的海上通道之咽喉。在上合组织的框架下,巴基斯坦将更有信心，将继续支持中国和其他成员国，协助营造一个双赢局面，配合推进中巴经济走廊建设的顺利进展，帮助该地区的发展中国家受益于此宏大工程，实现经济腾飞的梦想。

　　印度－巴基斯坦之间的敌视关系有可能成为上合组织进步的羁绊，在此需要提出警戒。两国同时进入上合组织或许是个不合时宜的安排，因为印巴双方永远不会达成一致。但是，中国和俄罗斯却打破了这个神话，它们希望印巴在上合组织、金砖国家组织和亚投行等框架内消除分歧，发挥各自的作用。俄罗斯支持印度成为上合组织的成员国，而巴基斯坦的加入是其全天候战略合作伙伴中国支持的结果。但是，俄罗斯对巴基斯坦申请成员国身份没有异议，而中国也不反对印度成为上合组织的一员。因此，并没有出现人们想象中的僵持局面。俄罗斯和中国作为上合组织的核心成员国将监管所有成员国之间的顺利合作。巴基斯坦将利用这个平台尽力改善与印度的关系，进一步巩固与中国的战略合作伙伴关系，将尽最大努力争取得到上合组织的信任，希望上合组织在维护包括阿富汗在内的整个区域的和平与繁荣中发挥先驱作用。巴基斯坦加入上合组织不是象征性的，而是实质性的举措。

平衡中国-巴基斯坦关系

《每日时报》2015 年 7 月 7 日

2015 年 4 月,习近平主席访问巴基斯坦,将中巴关系从"全天候友谊"提升至"世世代代的全天候战略合作伙伴"关系。中巴关系的这一重大升级的表现,就是在习主席此访期间中巴签署了数十亿美元的发展工程协议,即中巴经济走廊。一方面,巴基斯坦政府在渐渐打消关于这个宏大工程把巴基斯坦仅仅打造成为一个交通中转站的顾虑;另一方面,又不加掩饰地估算中巴经济走廊将给巴基斯坦带来的好处。

来自巴基斯坦一方的几个最主要问题包括:巴基斯坦准备好承接这项工程了吗?巴基斯坦在与中国的全天候战略合作伙伴关系中充当什么样的角色?巴基斯坦人会努力追求与中国的对等关系吗?

事实是,追求向上的中国人认识到巴基斯坦的战略位置的重要性,中国提升了与巴基斯坦的关系,希望看到巴基斯坦发挥其战略合作伙伴的作用,与中国共同面对未来的挑战。

巴基斯坦需要对自身的优势、劣势、机遇和威胁进行全面分析,找到适当的路径,来配合实现中国对"巴铁"的期望。"巴铁"一词是中国和巴基斯坦牢固的友好关系的代名词。

习近平主席提出引领中国人民实现中国梦的愿景,包含与其邻国共享共赢的内容,这点体现在"一带一路"倡议上,中巴经济走廊是"一带一路"的组成部分。

中国故事：改革开放四十年成功转型之路

中国在人力资源的能力建设方面迈出了积极大胆的步伐，旨在实现各方面人才的最佳利用。同时，政府也发起了建设廉洁社会和惩治腐败的反腐倡廉运动，即使是国家高级官员被发现涉嫌腐败，也会被推上被告席，受到严厉惩治。如果巴基斯坦在其发展的道路上执意与中国同步，那么，就应该学习中国严惩贪腐做法的经验。问责必须是面向全社会的，无论被问者有什么政治关系和权力背景。

巴基斯坦政府正在憧憬和规划中巴经济走廊将带来的繁荣时代，但是，我们为收获季节做好准备了吗？谨慎的做法是，通过机制建设和个人能力建设，让国民为全身心地参与到中巴经济走廊建设中去做好充分准备。中巴经济走廊的基础设施建设需要一支先进的技术队伍。给巴基斯坦人做技术培训比高薪雇佣外国技工的成本低。巴基斯坦人获得技术不仅有益于目前的中巴经济走廊建设，而且有助于未来其他的基础设施建设。

恐怖主义、极端主义和狭义民族主义困扰着巴基斯坦的安全局势，宗教的、世俗的和族群的相互排斥和攻击，给巴基斯坦社会治安环境蒙上阴影。中国政府清楚看到了巴基斯坦的治安状况，建议部署师级军队，为中巴经济走廊工程建设提供专门的安保力量。虽然巴基斯坦政府发动的扎比阿兹伯（Zarb-i-Azb）军事行动在很大程度上挫伤了北瓦济里斯坦和联邦行政部落区（FATA）的恐怖分子的破坏力和杀伤力，但仅靠军事力量不足以铲除恐怖主义和极端主义心态，必须配合以积极的努力，给广大群众灌输正确的思想意识。必须在舆论建设者、知识分子和媒体的支持下，将良好正规教育机制和清晰思维能力建设纳入精心策划的行动方案。

我们看到，中国政府制定了长期和短期计划，并在任何情况下都勤勉严格执行所定计划。相反，巴基斯坦政府遵循区域独立主义原则，受困于规划理念的缺乏。按照规划严格推进工程建设,将有利于巴基斯坦。

巴基斯坦境内的中巴经济走廊的很多工程将涉及或位于俾路支省区内,该省居民却认为自己被剥夺了从中巴经济走廊中受益的权利,极少数俾路支分离主义分子借机制造骚乱。巴基斯坦政府必须引导他们回归社会发展主流,这不仅是为了保障中巴经济走廊建设安全推进,更是因为在长期骚乱践踏下的俾路支省急需从根本上改善安全状况。

巴基斯坦也需要强化外交政策。阿富汗是巴基斯坦的重要邻国,有可能从中巴经济走廊建设中受益,但它似乎缺少信誉。与巴基斯坦一直处于紧张关系的印度表达了对中巴经济走廊的异议,其托词是中巴经济走廊穿过"印巴争议地区"。美国对于中国管理战略港口瓜达尔表示担忧。为了减少各方疑虑,创造一个有助于外国投资的环境,帮助推进区域和平,巴基斯坦需要重点关注外来动向和趋势。

根据某位友好外交官的观察,巴基斯坦需要一个真正的国家政府,这个政府要具有明确联邦国家利益的治理理念,有能力战胜各省的地方主义思维。这些都是围绕平衡中巴关系与把握和利用最佳未来机遇所提出的有利谏言。

中国驻巴基斯坦新大使馆的象征意义

《巴基斯坦观察者》2015 年 6 月 19 日

2015 年 5 月 16 日,中国驻巴基斯坦大使馆在伊斯兰堡举行庄重的新馆启用典礼。具有悠久古老文明的中国人注重象征主义,不善于直接表达他们的真实感情。新大使馆具有多个象征性特点。占地面积在中国所有驻外使馆中名列第一,象征中巴关系之宏大,凸显对中巴关系的重视。地理位置极具象征性,新馆北依马嘎拉山,南傍拉瓦尔湖,视野开阔,景色壮观斑斓。

新大使馆的固定地址为"伊斯兰堡外交区(扩展)周恩来大道 1 号",这是为纪念中巴友好关系的奠基者周恩来总理而命名的大道。巴基斯坦人民尊重和敬仰毛泽东,他们更爱戴周恩来。因为周恩来曾到访过巴基斯坦,其间他打破了外交惯例,来到普通的巴基斯坦人中间,这象征着中巴友好关系不仅存在于两个主权国和两个政府之间,而且也存在于两国人民之间。两国政府会更换,但是中巴两国人民之间的友爱和兄弟情将是永恒的,并将越来越深厚和坚固。新的馆址也帮助我们回顾历史上两国守望相助、共克时艰的岁月。中巴两国久经考验的兄弟情谊现在提升至全天候战略合作伙伴关系,这要归功于中巴两国的建国领袖们奠定的坚实基础。

中巴关系始于 20 世纪 60 年代阿尤布·汗总统统治时期。巴基斯坦前外交部长、前国民议会发言人、前总统阿尤布·汗的儿子高哈尔·阿

中国驻巴基斯坦新大使馆的象征意义

尤布汗（Gohar Ayub Khan）曾做客笔者主持的巴基斯坦电视台"防御与外交"节目，节目中他讲述了周恩来总理的故事。关于周恩来的故事至今仍在巴基斯坦传颂着。20世纪50年代，中国人民刚刚获得新自由，正在奋力建设经济，以解决数亿人口的温饱问题。即便在这样的情况下，周总理还是为巴基斯坦的发展工程批复了大量贷款。阿尤布总统在接受中国人民的善意的时候问道："为什么是贷款呢？"因为他担心巴基斯坦在未来的几十年中将无力偿还。周恩来解释说，他意识到了巴基斯坦经济形势的严峻，之所以称其为"贷款"，而不用"金融援助"，是为了避免伤害巴基斯坦人的感情。设想如果巴基斯坦人从中国接受援助或施舍，有可能想象自己是乞讨者。中国对待巴基斯坦就像对待自己一样，照顾到巴基斯坦人的自尊，周总理特别指出把提供给巴基斯坦的发展基金看作是"贷款"，但是还款期将持续延长，如果在50年里巴基斯坦还没有偿还能力，将注销还款。

令人鼓舞的是，后来的几届中国领导人持续改善和提升中巴友谊。由于中国政府领导阶层的谨慎规划和远见卓识，今天的中国居于世界最大经济体之列，其经济发展水平已引起西方国家的羡慕。而巴基斯坦却由于命运的变幻莫测、政治冲突和某些领导人的目光短见，其潜力没有得到真实发挥。中国现任国家主席习近平在其最近的巴基斯坦访问期间，宣布中国将帮助巴基斯坦克服困难，走出困境，从而发展成为其开国先贤所憧憬的经济强国。中国再次给巴基斯坦提供软贷款和企业投资，而不是乞讨者钵中的施舍物，这令我们回忆起周恩来总理的做法。习近平主席的"一带一路"倡议包括了中巴经济走廊这个重要联结，一旦建成，将提高巴基斯坦和整个地区人民的生活质量。

在新大使馆启用典礼上，中国大使发表了热情洋溢的讲话。他真诚感谢巴基斯坦政府提供这块大面积土地给中国建新使馆，认为这再一次展现了中巴友谊；新使馆的竣工和启用见证了中国和巴基斯坦的全天候友好关系。2008年，巴基斯坦政府决定将伊斯兰堡的一块新土地提供给中国，用于建设新使馆。中国大使馆也决定将旧使馆的土地、馆区和所有配套设施归还给巴基斯坦政府。这个安排是建立在互惠原则基础上的，符合了中巴亲密友好的传统。

孙卫东大使告诉大家，新馆采用的是典型的徽州建筑风格，徽州建筑是中国传统建筑的主要流派之一。新馆的总体布局充分利用了马嘎拉山这一背景优势，与周边环境浑然一体，深蓝色瓦片房顶和白色墙面相互映衬，简约质朴，空间利用也分布和谐。总之，新馆建筑看上去古朴而典雅，宏伟而精致，是传统中国文化与现代设计的完美结合。新使馆将成为中国的所有朋友们更好地了解中国文化和文明的一个窗口。

中国邮政发行了一套特别邮票，以纪念中国驻巴基斯坦新大使馆启用这个具有重大意义的事件。

在这个喜庆的场合，孙卫东大使回顾了他的前任们和巴基斯坦政府在过去三年中对新使馆建设的贡献，提醒人们不要忘记那些为中巴合作尽心尽力的各方人士。大使先生用心良苦，寓意深远，正所谓"前人栽树，后人乘凉"。

巴基斯坦的当务之急

《每日时报》2015 年 5 月 5 日

每个国家都根据国家利益和发展重点来制定国家政策，这是各国的权力。这在外交关系理论中被称作"民族中心主义"，根据该理论，每个国家有权考察和检验可以给其自身带来最大限度安全和健康的各种选择。最近，巴基斯坦决策者们围绕沙特阿拉伯请求巴基斯坦派遣军队和武器支持其在也门的战争一事，陷入进退两难的困境。巴基斯坦议会就此请求展开辩论，最后，基于下述两点，做出不派军的决定。第一，巴基斯坦自己的军队大量用于反恐军事行动中；第二，在所谓的沙特阿拉伯反对另一个主权伊斯兰国家——也门的军事行动中，巴基斯坦应该避免站在任何一边，也要避免针对另一个伊斯兰国家——伊朗的代理人战争的扩展。巴基斯坦国会做出决定，除非沙特阿拉伯的主权受到威胁，否则巴基斯坦将不派兵。该决定作为"人民之声"，必须得到尊重。

同时，还有另一点需要特别说明：中国建议巴基斯坦组建一支专门的武装部队全程保障中巴经济走廊建设人员的安全。对于巴基斯坦国家利益而言，这是个问题。中国对巴基斯坦的慷慨遭到巴基斯坦一些评论家的批判，他们发表诋毁中巴经济走廊的言论。巴基斯坦某家报纸专栏把习近平主席对巴基斯坦的访问称作"中国圣诞老人"之访。还有人质疑巴基斯坦政府"把所有鸡蛋都放入了中国篮子"。这些人忘记了一个事实：巴基斯坦自身已经处于经济低潮，朋友很少，金融信誉不高，外国直接投资也有限。在这样的情况下，中国伸出援助之手，帮助巴基斯坦自力更生，应该欢迎，而不是挑刺。

从另一方面来看，我们非常清楚，一些阴谋者不愿看到中巴经济走廊的成功，或希望通过恐怖袭击吓跑中国人，因此，巴基斯坦的当务之急应该是防止这项宏大工程遭受威胁，保证其安全推进。为了国家的这个头等任务，把有限的防御资源分配给中巴经济走廊工程，这不应该被视为对沙特人的冒犯或对伊朗人的偏袒。

布鲁斯·里德尔（Bruce Riedel）在其评论文章"巴基斯坦支点：从沙特阿拉伯到中国"中，把沙特请求巴基斯坦军事援助和中国建议巴基斯坦组建特别保安部队两件事做平行对比，这是不现实的。布鲁斯声称，巴基斯坦将创建一个强大的"特别保安部队"，由一万名军人组成，并由一位两星将军挂帅，目标是保护在巴基斯坦的中国工人。他还称，这是谢里夫给中国习近平主席的承诺。里德尔继续详细解释说，该保安部队的一半人员属于特种突击队，将配有自己专门的空中救援。

里德尔质疑巴基斯坦的做法，"没有给沙特阿拉伯王国的军队资源，却有万人军队配置给中华人民共和国"。显而易见，上述两者间在具体细节上存在诸多重大区别：用于外国领土上的战争的军队和在自己国土上的军队，补偿过去的付款和获得未来的投资，伊斯兰世界的团结与1962年以来巴基斯坦的全天候盟友。

十分凑巧的是，布鲁斯·里德尔一直在变换那些极端分子"抢夺"巴基斯坦核武器的场景，用以表现其对西方国家的威胁。里德尔先生曾就职中央情报局30年，曾经在白宫的国家安全委员会工作，是美国过去四任总统的南亚和中东问题资深顾问。长期以来，里德尔一直敦促美国对巴基斯坦采取强硬行动，使用武力没收其核武器，以此削弱巴基斯坦的力量。

巴基斯坦的当务之急

里德尔关于上述问题的最新评文章是不可以全信的,因为其中包含他的个人偏见,或许还有美国的民族中心主义。他的开篇评论暗指,沙特阿拉伯对也门发动军事干预的决定体现了其与过去做法的决裂。里德尔推测,沙特漠视美国的领导权,甚至不需要美国的参与,而是主动与其阿拉伯盟友和穆斯林盟友单独结成自己的联盟。在里德尔看来,在处理与其最亲密的传统盟友之一巴基斯坦的这件事上,沙特阿拉伯逐渐发现,即使是对挚友,也经常有轻重之别。

首先,与谁结盟是巴基斯坦的内部决定。其次,里德尔先生或许忘记了一个事实,即沙特王室仅仅与巴基斯坦的统治阶层保持亲密关系。普通的巴基斯坦人在沙特阿拉伯根本不受尊重,在沙特王国的疆土上顶着炙热的太阳辛勤劳作的巴基斯坦劳工得到的是奴仆般的待遇。相反,中国人民和领导阶层在过去的65年中像兄弟一样热爱和尊重巴基斯坦人民。因此,巴基斯坦本地媒体的专家们应该避免跟风,也不要鹦鹉学舌般地传播诸如里德尔之类的扭曲理论。巴基斯坦终于找到了帮助其自立的脊梁,应该抓住这个好机会,完成其最重要的国家发展任务。我们应该赞赏而不是质疑中国的姿态。

中国的人道主义救助行动

《每日时报》2015年4月7日

人类救济活动的概念由来已久，涉及给处于苦难中的人们提供援助，不管这些人属于哪个民族，信奉什么宗教，遵循哪一信条或信仰。这类需要帮助的人包括无家可归者、难民，地震、洪水、台风等自然灾害受害者，饥荒或战争和其他灾难的受害者。人道主义救助行动的主要目的是拯救生命，减少痛苦，给予人类以尊严。

历史上，提供人道主义赈灾活动支持的国家和民族有很多。1875年，中国遭遇干旱，引发长达13年的华北大饥荒，造成1000万人死亡。此次大饥荒引起英国传教士李提摩太（Timothy Richard）的极大关注，他全身心地向国际社会呼吁和募捐，为饥荒受害者赢得了大量财物援助。

中国政府帮助从也门撤出外国公民的行动值得称赞。也门叛军与阿拉伯联盟之间的交火引发的也门内战，致使一些无辜平民陷入困境。而巴基斯坦人则处于两个持久困境中。一方面，他们属于非也门外国社团，经受着战火造成的损失；另一方面，因为巴基斯坦人支持沙特阿拉伯人领导的军事运动，所以，他们可能会成为胡塞叛军（Houthis）蓄意报复的目标。

巴基斯坦政府派出商用客机从荷台达（Hodeida）安全接回500名巴基斯坦公民。这项人道主义使命的成功归功于联军，他们提供给巴基斯坦航空公司飞机，并暂停空中交火，才使得巴基斯坦的救援行动顺利完成。同时，滞留在也门亚丁的巴基斯坦人也发出紧急救助请求。被困的巴基斯坦人的亲戚和家属还通过社交和电子媒介向政府发出诉求，恳求政府快速接回他们的亲人。

亚丁机场因为战火部分损坏，处于叛军控制下，但亚丁港口是自由的，附近有一艘中国海军舰艇。于是，巴基斯坦向其久经考验的朋友发出救援请求。拯救生命任务紧急，时间宝贵，中方即刻欣然承担了这项人道主义救援任务。

2015年4月2日，中国海军护卫舰"临沂"号从也门亚丁港出发，安全到达吉布提。这艘护卫舰共载有滞留也门的225人，他们来自包括巴基斯坦在内的10个国家。撤离者名单里有176名巴基斯坦人、29名埃塞俄比亚人、5名新加坡人、3名意大利人、3名德国人、4名波兰人、1名爱尔兰人、2名英国人、1名加拿大人和1名也门人。中国的人道主义救援行动得到了世界各国和人道主义救助组织的赞誉。

就在这次救援行动前夕，中国政府刚刚从也门撤回自己的国民。在那次撤离行动中，与中国公民一同安全撤出的还有8名外国人，分别来自罗马尼亚、印度和埃及。

根据"宽容待人如待己"的精神，中国政府在相关国家的请求下实施了人道主义救助运动——撤离行动。这也是中国政府第一次承担营救被困在危险地区的外国公民的任务，此举是中国政府践行其秉承的"以人为本"、国际主义和人道主义等理念的表现。在这次撤离行动中，中国外交部与相关国家配合。中国海军第一时间派遣军舰赴亚丁港撤离外国侨民。中国驻也门大使馆和驻吉布提大使馆与驻亚丁的总领事排除各种障碍，完成各种相关程序，组织了外国公民的安全撤离。这次撤离任务被公认为是一次非常成功的行动。另有200名巴基斯坦人被困在战火蹂躏的也门，他们将于本周末前乘中国船只从亚丁撤至吉布提。与巴基斯坦的撤离工作相比,中国的行动非常及时。上周五,巴基斯坦海军舰队"阿斯勒特"号(Aslat)抵达穆卡拉港(Mukalla),但由于"基地"组织实施的300名囚犯越狱恶性事件的爆发,引发了法律和秩序形势极度恶化,巴轮船被迫停靠附近的席赫尔港(Ash Shihr)。周六,该船疏散了148名巴基斯坦人。除巴基斯坦人外,一同乘船撤离的还有35名其他国家的公民,巴基斯坦外交部确认了其中23人的国籍,他们是8名中国人、11名印度人和4名英国人。

面对各种不可控灾难,人道主义救助在拯救人类的活动中发挥着有效作用。对中国而言,这种人道主义救助撤离行动虽是第一次,但绝不是最后一次。中国用行动表明,中国愿意也能够在应对全球性危机中发挥有利作用。对巴基斯坦而言,中国的姿态是"患难见真情"的真实写照。

中国举办第二次世界大战结束 70 周年纪念活动

《巴基斯坦观察者》2015 年 4 月 7 日

2015 年全世界都在庆祝第二次世界大战结束 70 周年，与之相应，中国也在计划举办一些有益的庆祝活动。中国庆祝活动的亮点之一是预计在 2015 年 9 月举行的阅兵典礼。其间，习近平主席也将举办招待会和文艺晚会。中国外交部申明，中国将欢迎包括日本首相在内的各国领导人前来出席阅兵式。

中日关系长期处于恶化状态，这是因为在中国看来，日本在第二次世界大战前和第二次世界大战期间占领过部分中国领土，残害无数中国人民，这是无法偿还和赎清的罪行。据第二次世界大战史学家估算，中国境内的战争始于 1931 年，持续 14 年之久，总计 3500 万人失去生命。

4 月 5 日是中国的传统节日——清明节，全国人民祭奠在第二次世界大战中失去生命的士兵和平民。人们到祖先的坟墓和纪念碑前祭祀，纪念那些在民族解放中献出生命的人，向他们表示敬意，这是个伟大的传统。

在这个大聚会活动中，上周约有 1000 名学生和老师聚集山东省铁道游击队纪念碑。他们在游击队员们的墓碑前面献上花环，并默哀几分钟。中国共产党领导的山东省铁道游击队在抗日战争中袭火车，炸桥梁。1945 年，1000 多名日本士兵向不到 100 人的铁道游击队投降。

就在清明节前夕，中国南方城市的桂林遗产公园开园，纪念第二次世界大战期间的"飞虎队"。飞虎队的全称是"中国空军美国志愿援华航

中国故事：改革开放四十年成功转型之路

空队"，由美国将军克莱尔·李·陈纳德（Claire Lee Chennault）创建于1941年，旨在帮助中国驱逐日本军队。在经过短期的强化训练后，克莱尔率领飞虎队来到中国。1941年12月，飞虎队实施了首次空战，击落6架敌机，毁坏4架。

整个第二次世界大战期间，飞虎队共击落敌机2600架，毁掉44艘日本战舰，他们因此名声大振。92岁的飞虎队老兵詹姆斯·怀海德（James Whitehead）出席了桂林遗产公园的开幕式，他在第二次世界大战中曾多次往返飞越"驼峰"。驼峰，或称"死道"，跨越喜马拉雅山脉，1942—1945年间是中国和美国共同使用的一条空中通道，用于从印度向中国西南地区运输军需物资。整个第二次世界大战期间，共有500多架飞机坠毁在这条空中航道上，1500多名中国和美国飞行员牺牲。

2014年2月，中国政府正式将12月13日定为南京大屠杀死难者国家公祭日，悼念南京大屠杀的死难者和被日本侵略者杀害的其他所有人。1937年12月13日，日本军队占领中国当时的首都南京，开始了长达40多天的恐怖大屠杀。超过30万的中国士兵和平民被杀害，2万多名妇女被强暴。

2014年12月13日，在第一次南京大屠杀死难者国家公祭日上，习近平主席指出："我们为南京大屠杀死难者举行公祭仪式，是要唤起每一个善良的人对和平的向往和坚守，而不是要延续仇恨。"

中国政府努力歌颂英雄，从历史中汲取经验和教训，弥补过失，防止重蹈覆辙，这些都是成熟和慎重的表现。

为巴基斯坦注入能量

《每日时报》2015 年 3 月 31 日

中国驻巴基斯坦大使孙卫东先生在出席因为"一带一路"包括"21世纪海上丝绸之路"、中巴经济走廊和"一带一路"巴中媒体论坛时的致辞中对巴基斯坦赞誉有加:"巴基斯坦国庆日阅兵的壮观、军队的风纪和气势给人留下深刻的印象,它展示了巴基斯坦人民的力量、韧性和勇气。虽然近几年来巴基斯坦经受了各种磨难和考验,但仍然以积极向上的心态庆祝自己国家的独立。"

孙卫东先生表示,巴基斯坦国庆阅兵典礼表现了巴基斯坦民族具有的充沛"能量"。中国大使在这里把"能量"作为一个双关语使用;他重申,中巴经济走廊和"一带一路"工程有助于缓解巴基斯坦能源短缺问题。孙大使满怀激情地阐述道,这些倡议不仅将重新塑造区域经济体,而且将改造和重组全球经济的基础设施。孙大使说,2013 年,习近平主席提出的"一带一路"倡议对整个地区而言是一个宏大工程。同时,也将超出区域范围,使相关国家和经济体受益,还将有力改善基层人民的生活。他认为,中巴经济走廊是上述中国领导的这些倡议的重要组成部分,对巴基斯坦和中国以及所有相关国家具有特别的重要意义。孙卫东表示,中巴经济走廊不仅仅是一条普通的经济走廊或贸易中转通道,事实上它是一个完整的套餐工程,包括一系列工程和项目。他说,在中巴经济走廊框架下,巴基斯坦将建立约 1 万兆瓦的电力生产能力、多个水电站、高速铁路设施、教育机构和医疗设施。同时，中巴经济走廊也将给巴基斯坦人创造巨大的就业机会。

孙卫东进一步阐述，中巴两国创造了世界国际关系史上的独特关系。支撑中巴关系的真正力量来自两国的人民，这也是中巴关系永远不受全球政治和外交变动影响的原因。讲到两国关系，孙大使激动地说，中巴两国人民的深厚和亲密关系可以这样来形容，即当巴基斯坦人民受到伤害时，中国人民感到伤痛；当巴基斯坦人民微笑时，中国人民感到欣慰。

值得一提的是，在中国的引领下，亚洲将在21世纪成为繁荣昌盛的大陆。中国已经发起了数个倡议，其中比较引人注目的是中国领军的亚洲基础设施投资银行，中国出资1000亿美元；还有丝绸之路基金的创建，截至目前，中国在其中已投入400亿美元。

中国有意放缓经济增长速度，设立了7%的还增长目标，强调经济发展的质量，而不是数量。中国政府充分认识到，还有2亿中国人生活在贫困线以下。中国经济的增长必须对社会各阶层产生涓滴效应，提高各个阶层的生活水准。中国领导阶层的决定是在经过深思熟虑之后做出的，因为经济增长放缓反映了中国经济的结构转移，即从出口导向的工业生产向消费服务业生产能力增长的转移，消费服务业要求更多的就业使工业生产和消费服务业生产创造同等价值。从这个意义上讲，降低经济增长率将有助于阻止或减少失业。

中巴关系历久弥新，建立在相互信任和相互尊重的坚实基础上。这样的关系应该成为其他国家的榜样，让世界变成一个充满信任、消除疑虑和敌对的家园。

孙大使进一步阐释其注入"能量"概念的原因，他希望媒体在加深对中巴经济走廊的认识方面释放更多"能量"。孙卫东表示，他预见在未来的几年里，随着中巴经济走廊的一些工程项目的完成和投入运营，其经济效益将带动巴基斯坦走向兴旺。

迈向命运共同体

《巴基斯坦观察者》2015年3月31日

2015年博鳌亚洲论坛（BFA）的主题是"亚洲新未来：迈向命运共同体"。博鳌亚洲论坛是一个享誉全球的非政府、非营利性重要国际组织，它为亚洲和其他大陆的各国领导人、商人、专家学者提供了一个分享信息和认知的平台，论坛的主题通常涉及一些亟待解决的亚洲相关问题，也包括世界其他地区的重要问题。2002年以来，博鳌亚洲论坛的永久举办地设在风景秀美的博鳌小镇，位于中国最南端的海南省。

2015年3月26—29日举办的博鳌亚洲论坛讨论了多个议题，其中最引人关注的是围绕习近平主席提出的"一带一路"倡议的讨论。这个倡议不是一个新概念。早在千年之前，欧洲和亚洲就通过丝绸之路连接在一起，丝绸之路上的贸易、商业和互动带来的是和平合作、开放包容、互学与互鉴。2013年9月和10月，中国国家主席习近平出访中亚和东南亚期间，分别在两地提出了共建"丝绸之路经济带"和"21世纪海上丝绸之路"的倡议（后来统称"一带一路"）。从那时起，"一带一路"倡议在全世界得到了极大关注。

在此届博鳌论坛年会开幕式上，习近平主席做主旨演讲，他宣布"一带一路"倡议将不仅仅是中国的独唱，而是包括沿线所有国家的大合唱。"一带一路"倡议的本质特点是，在与所有参与者广泛、慎重讨论协商的基础上，确定各相关工程项目的线路、布局和各种基

中国故事：改革开放四十年成功转型之路

础设施。

多个区域合作平台，诸如上海合作组织、东盟与中国（10+1）、亚太经济合作组织、亚欧会议、亚洲合作对话、亚洲相互协作与信任措施会议、中国－阿拉伯国家合作论坛、中国－海湾国家合作委员会战略对话、大湄公河次区域经济合作、中亚区域经济合作等，将扩展国家间的合作和利益共享，带动更多国家和地区参与到"一带一路"倡议中来。

所有的参与者都将有权享受共同利益、价值和资源所带来的效益。习近平主席重申，"一带一路"倡议将帮助各国实施各自的发展战略，完善现存的基础设施，而不是取代现有的发展机制或区域合作机制。

习近平主席强调指出，"一带一路"和亚洲基础设施投资银行都属于开放性倡议，欢迎亚洲所有沿线国家与世界其他地区的对华友好国家和合作者积极参与到这些倡议中来。"丝绸之路经济带"将沿着古代丝绸之路，从中国沿海地区向西北方向经过中亚到达欧洲；"21世纪海上丝路"将起自中国南方，向东南亚和非洲方向延伸。"一带一路"愿景的实现将直接惠益44亿人口，占全球人口的63%。截至目前，已经有60多个沿线国家和国际组织表示有愿望和兴趣参与"一带一路"倡议。

"一带一路"倡议与《联合国宪章》的宗旨和原则相一致。坚持和平共处五项原则，即互相尊重主权和领土完整、互不侵犯、互不干涉内政、平等互利、和平共处。令人欣慰的是，"一带一路"倡议为巴基斯坦人民带来巨大希望，因为中巴经济走廊是"一带一路"倡议的重要工程之一，它将成为巴基斯坦及相关区域人民的"命运改变者"（a game changer）。本届博鳌论坛的主题"迈向命运共同体"无疑是一个非常有意义的主题，因为它表达了各国人民希冀美好未来的愿望。对所有人而言，建设人类命运共同体是一个共赢战略。

第十二届全国人民代表大会拉开改革帷幕

《巴基斯坦观察者》2015 年 3 月 10 日

全国人民代表大会（NPC，简称全国人大）是中华人民共和国的最高国家立法机关。全国人民代表大会是世界上最大的议会机构，它有 3000 多名代表，由选举产生，任期 5 年。每年春季在北京人民大会堂，全国人民代表大会召开年度会议，会期通常持续 10~14 天。全国人大会议与中国人民政治协商会议（CPPCC，简称人民政协）通常定时召开。这些年度会议给各级政府官员们提供一个审查先前的政策和向国家提出未来计划的机会。根据中国宪法，全国人大是一院制立法机关，拥有最高立法权、监督政府的执行权和选举国家重要领导人的权力。全国人大和人民政协是中国的两大主要协商机构，通常被称作"两会"（两个议会）。

2013 年 2 月选出的第十二届全国人大的任期是从 2013—2018 年，其间将召开 5 次全体会议。这届全国人大的第三次全体会议于 2015 年 3 月 5 日召开，持续大约两周。中国领导阶层宣布了大胆改革的举措，拉开了充满活力的改革帷幕。这些改革措施旨在简化行政程序，赋予各级政府部门更大责任。自 2013 年以来，中国政府努力进行改革，将消除官僚主义繁文缛节和加大改革执行力度设为两个重点目标。中国国务院总理李克强宣布了一个政策计划，旨在促进以消费者和企业活力为动力的经济转型，承认中国进入增长放缓时代。李克强做政府工作报告宣布，2015

中国故事：改革开放四十年成功转型之路

年的经济增长率为7%，比上年降低了0.4%。然而，他乐观地看待进行中的改革，坚信改革是创新发展的引擎。其他经济指标也比上年有所降低，比如，消费者物价指数设为3%，失业率为4.5%。李克强总理在预见2015年的形势时承认，随着经济建设的下行压力和发展中的深层次问题浮出水面，中国可能将面临比上一年"更难以克服"的困难。

考虑到2014年中国经济的规模，国民生产总值63.6万亿元人民币（相当于10.39万亿美元），即使是7%的增长率，按现行价格计算，年产值比上年将增加8000亿美元，这比5年前的产能多出10%。

李克强总理也竭力主张推动中国中部和西部的共同发展，重申将为提高粮食生产和建立区域经济区而做出更大的努力。

会议设定了可实现的环境改革目标。2015年，中国政府计划将能源密度或能量单位的国内生产总值能耗的年增速减少3.1%。继续减少各种主要污染物的排放，二氧化碳浓度、化学需氧量、氨氮、二氧化硫、二氧化氮等的设定排放指数均比上年降低3.1%。中国也将在联合国发展峰会和国际气候变化合作组织中采取积极行动。

2015年中国的外交将聚焦"一带一路"建设全方位推进，中国将继续与其他国家做政策沟通，扩展共同利益，探索更多的共赢合作领域。重点促进互联互通、建设陆上经济走廊与海上合作支点。中国这个"亚洲巨人"正在改善与相关国家的人文交流，加速推动有关自贸区建设议题的讨论和协商。

中巴经济走廊象征团结

《每日时报》2015年3月3日

在上周五巴基斯坦的参议院会议上,反对党派走出议会厅,以示对中巴经济走廊线路改变的抗议。他们认为中巴经济走廊线路分配在各地区不成比例,这是个令人遗憾的问题。巴基斯坦评论家们声称,中巴经济走廊设计的"原始线路"经过俾路支省和开伯尔-普赫图赫瓦省(下文中简称"开普省"),但是,从目前的中巴经济走廊规划来看,线路主要经过旁遮普省和信德省,绕过了前面的两个省份。

在2014年9月习近平主席对巴基斯坦出访前夕,笔者荣幸地收到了来自中国外交部的邀请。非常遗憾,由于伊斯兰堡发生了反对派的政治抗议活动,习主席出访巴基斯坦的计划被迫取消。但是,本人和其他新闻工作者收集到的关于中巴经济走廊的简报还是值得在此与大家分享,因为它们反映出某些巴基斯坦政治家的担忧源自某种误解。

中巴经济走廊工程是李克强总理在2013年5月访问巴基斯坦期间提出的。尽管那时巴基斯坦刚刚完成大选,但李克强总理与巴基斯坦的看守总理、总统及候任总理在中巴经济走廊的规划和建设上达成重要的一致意见。在同年7月巴基斯坦总理纳瓦兹·谢里夫访华期间,中巴经济走廊建设再次得到重申。

中巴经济走廊源起于中国新疆喀什,穿行整个巴基斯坦,抵达南方的瓜达尔港,该走廊远不止是一条高速公路或者一条道路,这个认识或

中国故事：改革开放四十年成功转型之路

理解非常重要。中巴经济走廊将覆盖巴基斯坦的主要人口居住地区，包括走廊沿线地带的能源工程、交通基础设施和经济区建设。这些工程项目将促进货物、信息、其他资源和人力资源的流通或流动。中巴经济走廊将带来更多合作机会与更多能源、贸易和交通基建工程项目，为两国人民提供更多的就业机会。

尽管中国是一个发展中国家，但却愿意带着其他亚洲国家一同走上繁荣之路；中国视巴基斯坦为其最重要的邻居、朋友和同伴，我们对此必须予以感激。在巴基斯坦面临困难时，无论是地震、洪水或其他灾害，中国总是在第一时间到达灾区，并真心地支持救援，帮助受害者重建家园。目前，巴基斯坦身处另一种困境：能源匮乏、经济破碎和恐怖主义袭击加重，其"全天候"的中国朋友愿意伸出援助之手，帮助巴基斯坦克服困难。

为保证中巴经济走廊工程的实施，中国和巴基斯坦建立了联合委员会，负责走廊建设的长期规划，并组建了能源、交通基建和综合规划三个工作小组。截至目前，中巴经济走廊联合委员会已经召开了三次会议，进行了一系列的讨论和协商，双方就中巴经济走廊的规划和建设达成了初步的共识。

包括俾路支省和开普省人民在内的全体巴基斯坦人民将受益于中巴经济走廊建设。值得注意的是，位于这两个省的一些项目已经动工。比如，俾路支省境内的瓜达尔港建项目是中巴经济走廊的旗舰工程，其旗下的东湾快速路项目和国际机场项目均已着手启动。开普省的喀喇昆仑高速公路二期正在改建升级中。原有的喀喇昆仑公路在阿塔巴德的一段由于山体滑坡而坍塌，形成了阿塔巴德湖，造成喀喇昆仑公路的中断，多年来，这段路不得不被绕行。改建铁路干线ML1与哈维连干港工程的可行性研究也在进行中。双方成功修建了高摩赞大坝（Gomal Zam）、汗

中巴经济走廊象征团结

赫瓦尔水电站（Khan Khwar）、杜波赫瓦尔水电站（Duber Khwar）。塔尔贝拉大坝第四期工程正在建设中。另有苏基-基纳里水电站（Suki-Kinari）和克亚尔赫瓦尔水电站（Keyal Khwar）计划修建。开普省的在建和预建能源工程将产出9000兆瓦的电力，可大大缓解该省的电力缺乏现象，给当地人民带来巨大效益。

根据中巴经济走廊交通设施联合工作小组第一次会议的纪要，双方同意走廊线路将起源于中国的喀什，从北向南依次经过红其拉甫（Khunjerab）、塔科特（Takot）、曼瑟拉（Mansehra），到伊斯兰堡（Islamabad）。然后，连接拉合尔（Lahore）和木尔坦（Multan），直抵苏库尔（Sukkur）。从苏库尔走廊分成两条支线，一条经过德拉阿拉亚尔（Dera Allah Yar）、胡兹达尔（Khuzdar）、纳格（Nag）和潘基古尔（Panjgur），到达瓜达尔（Gwadar）；另一条连接M9或M7公路到达卡拉奇（Karachi），并通过沿海公路与瓜达尔连通。

巴基斯坦人民必须团结起来，以耐心宽容的心态集中关注中巴经济走廊各个工程项目的现场进展及其工程建设人员的安全问题，这样才能使整个国家最大限度地受益于中巴经济走廊建设。

中国春节带来和平

《巴基斯坦观察者》2015年2月20日

在中国驻巴基斯坦大使孙卫东阁下的指导下,中国新年的庆祝活动于本周在伊斯兰堡启动,巴基斯坦总统侯赛因出席庆典。根据中国的星相学(十二属相),农历的每一年与一种动物相关联,每12年循环一次。2015年相当于十二属相中的第八位,即羊,所以该年是羊年。中国的十二属相依次为:鼠、牛、虎、兔、龙、蛇、马、羊、猴、鸡、狗、猪,各个生肖代表不同性格。

中国人通常认为,出生在羊年的人性情温和,温文尔雅,富有同情心,稳重理智,爱憎分明,为人正直亲切,感情细腻。他们创造力强,有毅力,有一技之长。属羊的人表面柔弱,内心坚强,总是坚持自己的观点。他们具有强大的内在韧性和防御能力。尽管羊年出生的人本质上是合群的,但他们不想成为焦点。他们通常沉默寡言,大概是因为他们喜欢沉浸在自我思考中。

期待2015年给人们带来和平。中国和巴基斯坦是"铁哥们",两国的友谊久经考验,具有坚实的基础;两国将为本地区乃至世界的和平与稳定贡献自己的力量。

2015年也是中国-巴基斯坦友好交流年,这是中巴友好历史上的一个亮点。这一年中最重要的事件是,习近平主席将对巴基斯坦进行国事访问,两国人民期待这次访问把中巴战略合作伙伴关系提升至一个新的

中国春节带来和平

合作、友爱和团结的更高水平。

2015年，中国和巴基斯坦将进一步促进双方在多领域和多层次的交流，包括政府官员、立法机构、政党、地方政府、青年、学术界、商界、艺术界和媒体业界，所有这些都将推动两国人民的关系更加牢固。

中巴独特纽带关系的突出标志是中巴经济走廊建设，两国将通过此工程推动港口建设、能源、基础设施、工业等诸领域的合作，构筑惠益于巴基斯坦人民的中巴全方位合作。

孙大使声明，中国将鼓励其企业来巴基斯坦投资，提升巴国的生产力质量，并将生产能力转化为巴基斯坦经济发展的动力。电力短缺致使巴基斯坦经济摇摇欲坠，中国将通过开发多个水电、风电、太阳能和核能工程，帮助巴基斯坦克服巨大的能源危机。中国将积极推动巴基斯坦开发利用其丰富的煤炭储藏资源，发展煤电工业。

北京和伊斯兰堡两国政府将构建中巴命运共同体，并使其成为中国与其邻国关系的样板和典范。

孙卫东大使在中国新年庆典的启动仪式上发表了感人肺腑的演讲，他说，中国的农历新年庆祝春天的开始，这个时刻，普通中国人返乡与家人和爱人共度节日。今年，我和许多中国人将在巴基斯坦过春节，但我们并不感到孤独，因为巴基斯坦是我们的第二家乡。孙大使引用中国古老谚语"心在家就在"，表明他已心系巴基斯坦。

的确如此，巴基斯坦和中国建立了史无前例的友好关系，它已经铭刻在两国人民的心中。中巴建立外交关系65年以来，两国发展出了久经考验的友谊，双边关系越来越密切，友谊的政治基础越来越牢固。这种深厚友谊的秘密在于相互的信任和真诚，为了共同的利益而相互支持与合作。

巴基斯坦和中国面对许多共同的挑战，比较突出的是恐怖主义。巴

中国故事：改革开放四十年成功转型之路

基斯坦在过去的 14 年中，一直遭受恐怖袭击的伤害；中国新疆也曾受到分离主义分子骚乱的破坏。中国政府在新疆的恐怖主义问题上采取了双管齐下的方法。首先，动用安全部队严厉惩治不法分子。其次，实施重大发展工程，提升当地人民的生活质量，消除他们的贫困。

巴基斯坦可以在中国的帮助下学习其打击恐怖主义的经验，实践证明，中国的反恐做法是有效的。为了保住发展成果，巴基斯坦需要消除恐怖主义袭击，在这方面，中国愿意予以协助。

为了消除中国对巴基斯坦安全环境的担忧，巴基斯坦应该努力改善其安全局势，必须采取措施保障在巴基斯坦的中国工程人员不会遭受恐怖主义袭击，保证中国在巴国投资企业的安全。更加重要的是，一定要严格有效地防控和阻止巴基斯坦与中国新疆边境上的恐怖主义的跨境联合运作活动。

为消除相关区域的恐怖主义恶疾，中国、阿富汗和巴基斯坦共享资源，携手合作；他们的努力得到了世界多国的认可。

中国和巴基斯坦树立了兄弟友好邻国关系的榜样和典型。邻国争吵不休的时代已经过去。中国已经开始进入建立划时代邻居关系的时期，尽管有些邻国对此怀有敌意。让 2015 年的新年开启合作、协作和团队工作的大门，祝愿中国新年给中国、巴基斯坦和整个地区带来和平、安宁和繁荣。

郑和——被遗忘的中国航海家

《标准季刊》2015 年 7—9 月

中国历史上产生了许多杰出的政治家、改革家、哲学家、科学家、经济学家、发明家和旅行家,但巴基斯坦人对中国古代航海家郑和(1371—1433 年)的了解却很少。郑和将中国带进了世界地图,使中国文化、中国商贸和航海技术深深地留在了世界人们的心目中。郑和是中国明朝的一个回族宦官、航海家、探险家和船长,他在 1405—1433 年间率船队开展探险航海活动,远到东南亚、南亚、中东和东非等地区。

郑和出生在一个穆斯林贵族家庭,后来入狱,在成名前曾被卖为奴。郑和的太上祖是一位名叫赛义德·阿加尔·沙姆斯·阿丁·奥马尔(Sayyid Ajjal Shams al-Din Omar)的波斯人,曾担任蒙古帝国官员,元代初年任云南都督。郑和的曾祖父拜颜(Bayan)可能曾服役于云南的蒙古驻军。郑和的祖父姓马,是一位哈吉,也就是说,他曾经去麦加做过朝觐。郑和具有蒙古和阿拉伯血统,精通阿拉伯语。

1381 年秋,郑和 10 岁的时候,他的命运发生了转变。这年,明朝军队攻克了云南。当时的云南处在蒙古王子梁王把匝剌瓦尔密(Basalawarmi)的管制下。同年,39 岁的郑和父亲投入抵抗明军征服的战斗,在明朝军队和蒙古人军队的战事冲突中受伤去世。郑和成为入侵云南的明军的俘虏,他被阉割后,送到燕王朱棣(后来的明朝永乐皇帝)家做仆人。从 1380 年起,朱棣一直藩管北平(后来的北京),北平地处

中国故事：改革开放四十年成功转型之路

中国北方，离与蒙古部落对峙的前线不远。郑和早年曾充边，戍守北方前线，经常参加朱棣发动的征战蒙古人的军事行动。

在北平期间，郑和接受了良好的教育。这是他在帝国都府南京所不可能享受到的权利，因为洪武皇帝不信任宦官，认为宦官们不应该识文断字。

1390年3月2日，燕王朱棣亲自挂帅，发动对蒙古人的第一次军事征伐，他采用钳形攻势大败蒙古人部落军，蒙军头领那哈查（Naghachu）投降。郑和随朱棣参与了这次战役。

郑和逐渐变得自信，并得到了朱棣王的信任。他帮助朱棣王发动政变，篡夺政权，朱棣登上永乐皇帝宝座，郑和也因此成为帝国重臣。

郑和在1399年抵御帝国军队和保卫北平水库——郑村坝的战役中表现突出，又在1402年带燕王的军队征服了当时的帝都南京。为了奖励其汗马功劳，1404年2月11日中国的农历新年，永乐皇帝赐予郑和"郑"姓（他本姓马，名和）。

郑和曾在南方首都南京任帝国军队统帅（后来永乐皇帝迁都北京）。[①]
郑和最突出的成就是，他受命率领中国船队，先后7次下西洋。[②]

14世纪和15世纪初期的世界还不十分了解中国。永乐皇帝意欲让世界认识中国，建立明帝国对印度洋贸易的控制，增强中国人在印度洋地区的国际影响力，扩展帝国的朝贡制度。郑和7次下西洋扩大了14世纪中国和阿拉伯世界的贸易，逐步增加了世界对中国的了解，扩大了中国对非洲和中东地区的影响。郑和的第一次航行是在1405年7月11日，从苏州起航，此次船队包括317艘船，2.8万名船员。最后一次航行是在1433年，这次远航中，他在印度西部马拉巴尔（Malabar）海岸附近的卡

---

① 永乐皇帝统治初年称"北平"为"北京"。——译者注
② 郑和航行所到的"西洋"指的是文莱以西的南洋各地和印度洋沿岸地区。——译者注

郑和——被遗忘的中国航海家

利卡特（Calicut）去世，并就地埋葬。然而，郑和的坟墓（衣冠）位于今天的南京。①1985年，南京原来的马蹄形郑和坟墓被改造建成了穆斯林风格的坟墓，随葬品包括郑和的衣服、头饰、刀剑和其他刻有阿拉伯文字的私人用品。此外，在这个郑和墓旁边还修建了一个小博物馆。

郑和7次下西洋的主要成就在于，他不仅将中国的商品带了出去，而且带回了大量财宝。他还通过外交技巧，细心大胆地应对各种威胁和侵犯，在所到港口和都市赢得了民心。在郑和的大军威慑下，许多潜在的敌人屈服了。一些报道提到，郑和"行如飞虎"，面对暴力毫不畏缩，因为他知道他必须用中国的军力震慑外国人。他严厉打击长久以来在中国海域和东南亚海域横行霸道的海盗团伙。例如，他击败当时最让人畏惧的海盗头子陈祖义，将其擒回中国，绳之以法。郑和还对卡锡兰（今天的斯里兰卡）科提王国（Kotte）发动战争。在阿拉伯海和东非沿海的时候，郑和船队遇到了当地政权的威胁，他便摆出军势。郑和的第四次出航带来了30个国家的使节，他们旅行来到中国，并到朝廷敬拜明朝皇帝。

朱棣死后，其子继承皇位，是为洪熙皇帝。洪熙帝停止了海外航行活动，郑和被任命为南京守备，南京是当时帝国的南方都府。明成祖在位时期，修建了南京瓷塔，直到19世纪，这座塔仍被视为世界奇迹。

在郑和从第一次远航顺利归来的1407年，为了纪念天妃妈祖而在南京修建了天妃宫。太仓天妃宫里立着"通番事迹碑"，记录郑和当年从太仓启程出航的事迹。石碑曾遭水淹，后得以重修。为酬谢妈祖的保佑，郑和和他的船员们在最后一次出航启程之前，在福建长乐南山修建了天

---

① 卡利卡特在中国的汉语古籍中称作"古里"。郑和最后一次航行的启程时间应该是1430年，离世时间是在1433年。特此指正。此外，关于郑和尸骨的埋葬地点也存在多种说法。——译者注

妃宫。他们还在重修的庙宇里立了一块石碑,名为"天妃灵应之记",记载了他们几次航行的事迹。郑和的长兄曾把其父的遗体埋葬在昆明城外。在永乐三年的端午节(1405年6月1日),郑和让人给父亲刻了墓志铭,铭文出自当时的礼部尚书李志刚之手。

郑和在几次出航期间,建立了多所清真寺;同时,也传播了妈祖信仰。很明显,郑和没有找出合适的时间去麦加朝拜,但是,在他最后一次航行中,他曾派其同伴船员们到麦加。他还曾拜访了坐落在福建的那些穆斯林圣人的圣祠。郑和在发展中国和伊斯兰国家的关系方面发挥了重要作用。

郑和离世后,明朝停止了商船出航活动。在郑和最后一次远航之后的数十年里,郑和及其下西洋的事迹在帝国官员们编写的许多区域史和王朝史书里所占篇幅逐渐减少。永乐皇帝和宣德皇帝的官家年鉴里,有关郑和下西洋的事迹记录也不全,甚至有错。有些官方出版物则完全没有相关记载。虽然有些人把这种情况看作是企图消除航海记忆的阴谋,但也有可能因为相关记录分散在几个部门,或者因为这些出航没有得到明朝创建者的授权(事实相反),给明朝政权造成一种窘境,因为出洋航行与"明皇祖训"的指令背道而驰,"明皇祖训"是洪武皇帝制定的明王朝的训诫典籍。

郑和下西洋的事迹没有得到其所在时代的中国官史书写的重视,但是,自从1904年梁启超的《祖国大航海家郑和传》出版后,郑和下西洋的故事便开始闻名海内外。1911年,在斯里兰卡的加勒(Galle)发现了郑和留下的"三语碑",该碑文收藏在科伦坡国家博物馆。碑上刻有汉语、泰米尔语和波斯语三种文字;碑文歌颂和敬献佛世尊,记述了郑和船队向著名的特纳瓦赖-纳耶纳尔佛教神庙(Tenavarai Nayanar Temple)捐赠的事迹。

郑和——被遗忘的中国航海家

郑和在现代得到世界各国人们的极大关注。1999年，弗诺·文奇（Vernor Steffen Vinge）的科幻小说《天渊》（*A Deepness in the Sky*）中的人类星球上的一个商人种族以航海家的名字而取名"更和"。郑和远航的主题在希瑟·泰洛尔（Heather Terrell）2005年的小说《盗图贼》（*The Map Thief*）中也占据重要位置。[①]2005年郑和远航600周年纪念活动期间，中国中央电视台制作了特别的电视系列片《郑和下西洋》，由中国香港演员罗嘉良扮演郑和。

曾跟随郑和一同远航的翻译家马欢于1416年写成《瀛涯胜览》，[②]详细记载了船队所到各港口人民的生活情况和风俗习惯。

郑和是这样描述其远航的："我们在巨大的海域里航行了10万多里，遇到了高山般的巨浪，透过瓦蓝透明的水蒸气，我们看到了远方的野蛮人地区。我们的船帆如同星星一样高耸云端，我们在与凶猛的巨浪奋力搏斗中，日夜不间歇地前行……"

郑和的航海图保存在《武备志》中，《武备志》成书于1621年，1628年出版，对郑和的早期航行有所记录。郑和航海图长560厘米，宽20.5厘米。全图分为40张，每张从7英寸（关于南京地区）到215英寸（关于非洲沿岸地区）面积不等，制图比例是1英寸等于1英里。[③]

迄今还没有人尝试将郑和航海图制成精确的三维地图。现有的郑和航海图是使用24点罗盘系统制成的。每个地点标注一个中国符号，配有关于航行时间或距离、当地洋流和风向的文字；有时候，还标出水深。航海途中经过沿海的海湾、河口、山岬与岛屿、港口和山脉，以及塔楼、

---

① 作者在此关于郑和远航的历史与两部外国小说的关联，值得商榷。——译者注
② 国内学界通常认为《瀛涯胜览》成书于1451年。作者将出版年代写错。特此指出。——译者注
③ 关于《郑和航海图》张数，或者说收集在《武备志》中的页数，说法不一。——译者注

中国故事：改革开放四十年成功转型之路

庙宇和浅滩岩等重要的标志在图中都有记载。在所标出的中国之外的300个地方中，80%的地方位置标注准确。还有对50个恒星的高度观察记录，有助于天文导航。

根据传统的和通俗的关于郑和下西洋的记述，郑和远航船队的船只是史上最大的木船。郑和的宝船有9个船桅、4个船舱，可容纳500人和大量货物。著名旅行家马可波罗和伊本·白图泰的游记译本均提到郑和的多桅杆船可载500~1000人。郑和同时代的尼科洛·达·康提声称，他在东南亚目睹了这样的猛犸船，①曾经见过5个桅杆的中国平底船，重约2000吨。一些资料来源还称，郑和远航用的一些宝船长度可达600英尺。除水手外，与郑和船队随行的有航海员、探险者、医生、工人和士兵等各类人员，还有翻译和日志作家巩珍。

中国史籍中所记载的郑和下西洋所使用的最大宝船有可能比其他史书中记录的任何木船都要大好几倍。人们通常认为，第一条达到126米（413英尺）长的蒸汽船在19世纪建造，但它是铁质船身。有的学者认为，郑和的船只长450英尺（137.2米），这是不可能的。一些学者估计，郑和的宝船长390~408英尺（118.9~124.4米），宽160~166英尺（48.8~50.6米）。也有一些学者认为，郑和宝船的船长仅有200~250英尺（61~76.2米），这比船队里的马船、粮船和战船还小。但是，充足的证据可以确定，郑和的宝船的确庞大。关于宝船体积不大的解释之一是，明朝44艘最大的宝船仅仅是为皇帝和帝国官僚在沿扬子江旅行期间处理宫廷事务所用，其中包括视察郑和的航行船队。扬子江的水流静缓，当时可能已经是这些宝船的航道。

现代中国歌颂郑和的功劳。7月11日被定为中国航海日，以纪念郑

---

① 尼科洛·达·康提（约1395—1469年）是意大利探险家、作家和商人。——译者注

和的首次出航。中国人民解放军海军的一艘训练舰命名为"郑和"号。云南昆明的长水国际机场最初也曾有过命名"郑和国际机场"的想法。

因为郑和及其航行对包括今日巴基斯坦在内的所到地区留下了深远影响，所以，研究这位伟大航海家及其远航经历，恢复其作为古代航海家的历史地位，是非常必要和重要的工作。

中国 – 阿富汗 – 巴基斯坦三方汇聚

《每日时报》2015 年 2 月 17 日

致力于恢复饱受战争蹂躏地区的和平事业是中国、巴基斯坦和阿富汗三方的一致观点。中国外交部长王毅在其对伊斯兰堡进行为期两天的官方访问期间，表示中国愿意为促成阿富汗政府与阿富汗塔利班的和平谈判重启贡献力量。中国政府的姿态受到喀布尔和伊斯兰堡双方的欢迎，因为这个声明表示中国渴望在与其利益息息相关的地区发挥更积极的作用。

王毅外长的上述声明是在三国进行战略对话的背景下发表的。2015年2月9日，首轮中国 – 阿富汗 – 巴基斯坦三边战略对话在喀布尔举行，中国外交部部长助理刘建超、阿富汗外交部副部长哈利勒·卡尔扎伊（哈米德·卡尔扎伊的远房表兄）、巴基斯坦外交部秘书艾扎兹·乔杜里共同主持对话。这是一次开创性的三边战略对话，三方同意共同致力于维护阿富汗及本地区的和平与稳定，强调"阿富汗人主导、阿富汗人所有"的和平和解进程。中国外交部长主动提出参与和平进程的调停工作，为阿富汗和平进展输入了新鲜动力。

中国 – 阿富汗 – 巴基斯坦三方重点关注对三方及本地区安全稳定构成重大威胁的恐怖主义、极端主义和分离主义，在反恐问题上达成一致。三国都曾经遭受过恐怖主义的危害，因此将在消除恐怖主义的道路上继续前行，共同努力。在对话过程中，中国表示将构建一个行动框架，在

中国-阿富汗-巴基斯坦三方汇聚

2015年邀请阿富汗和巴基斯坦的议会、媒体、外交、智库和友协等各界代表团到中国考察。

中国将在该地区实施基础设施建设援建工程,涉及加强阿富汗和巴基斯坦的高速公路和铁路连接,推进互联互通,促进经济一体化。库纳尔水电大坝(Kunar Hydroelectric Dam)是其中的一个项目。中国欢迎巴基斯坦主办第五次阿富汗和平进程伊斯坦布尔外长会。

巴基斯坦一方为加强与阿富汗的关系而做出了各种努力。陆军总司令拉希尔·谢里夫和三军情报局局长出访阿富汗,旨在加速共同反恐事业,表明了巴基斯坦一方反恐的诚心。此外,陆军总司令出访美国、英国和中国,与各国领导人分享其与阿富汗军方的互动情况,这些均表明巴基斯坦在阿富汗重建过程中的积极角色重新得到了国际认可。同样,阿富汗总统阿什拉夫·加尼的巴基斯坦和中国之行也给阿富汗和平进程带来一股清新气息。

阿富汗、中国和巴基斯坦携手应对和共同处理各种暴力和跨境恐怖主义相关事宜,应用现代技术有效地管控沿杜兰线的边境。[1] 比如,阿富汗抓捕了涉嫌卷入12月16日袭击白沙瓦军事学校的不法分子,这是一个良好的开端。接下来,阿富汗应该逮捕穆拉·法兹鲁拉(Mullah Fazlullah),并将其交给巴基斯坦政府,因为他正在阿富汗指挥对巴基斯坦的跨境恐怖主义袭击。

"伊斯兰国"(IS)的出现是一个新的恐怖主义威胁,因为这个组织具有侵入阿富汗的潜力。在这样的环境下,除了金融或军事关系,巴基斯坦和阿富汗之间需要更全面的合作,以便争取更大的收获。

中国监督下的巴基斯坦和阿富汗之间的和谐外交关系将保证两国获

---

[1] 杜兰线是1893年阿富汗与英国印度殖民政权之间议定的边疆线,独立后的巴基斯坦和阿富汗沿袭其作为两国边境线。——译者注

取最佳经济机遇，也将是对三方最有利的选择。中国已经为阿富汗重建做好投资准备，中巴经济走廊和丝绸之路等宏大工程无疑将惠益于中国、阿富汗、巴基斯坦三国和整个地区。

阿富汗最近发生的事件，诸如，2014年底国际安全援助部队和北大西洋公约组织结束其在阿富汗的作战任务，为中国和巴基斯坦提供了援助阿富汗和平进程和改善其安全局势的机会。中国和巴基斯坦双方为阿富汗国家军队和警察提供了培训、武器和装备资源。阿富汗政府积极地准备接受中国和巴基斯坦的援助。

阿富汗难民持续留居巴基斯坦，这对原本虚弱的巴基斯坦经济是一个重负。巴基斯坦应该与联合国和欧洲联盟一道努力，为阿富汗难民尽早返回其家园创造便利条件。阿富汗政府应该肩负起让那些长期滞留巴基斯坦的难民及时遣返和重建家园的责任，理应对难民问题予以适当关注，必须将阿富汗难民问题的解决视作头等大事，这是对本国公民的一种尊重。

阿富汗新政府与美国和北约签署了双边安全协定。阿富汗政府可以考虑与中国和巴基斯坦签署类似的协议，这将对其有益。阿富汗和巴基斯坦签署和解倡议以及中国在阿富汗和平进程中角色的演进必将产生积极结果。

中国 – 巴基斯坦友好年启程

《巴基斯坦观察者》2015 年 2 月 18 日

中国国家主席习近平和巴基斯坦总统马姆努恩·侯赛因在 2014 年峰会后发表的题为"深化中国和巴基斯坦战略和经济合作"的联合声明中,将 2015 年确定为"中巴友好交流年"。

在北京早些时候,中国国家副主席李源潮和巴基斯坦国民议会发言人萨达尔·阿亚兹·萨迪克(Sardar Ayaz Sadiq)共同官宣了"中巴友好交流年",后来中国外长王毅在对巴基斯坦为期两天的访问期间再次确认了这一点。

王毅外长在伊斯兰堡出席了巴基斯坦外交部和中国驻巴基斯坦大使馆共同主持的"2015 年中巴友好年"启动仪式。出席启动仪式的巴基斯坦嘉宾有国民议会发言人萨达尔·阿亚兹·萨迪克,还有几位联邦政府部长、旁遮普省长和其他政要。中巴友好交流年期间,巴基斯坦和中国计划举办一系列活动,涉及国会、文化、教育、媒体、商业以及其他领域,旨在加强中巴两国战略合作伙伴关系和"全天候友谊"。

中国和巴基斯坦被称作"铁哥们"——基于双方久经考验的互信基础上的战略合作伙伴关系。2015 年将开启中巴在多个层面上的更加紧密的互动,中巴两国各行各业的人民期望通过互访和交流,进一步巩固两国关系。

巴基斯坦和中国关系史无前例,永驻于两国人民的心间。中巴两国

中国故事：改革开放四十年成功转型之路

外交关系建立65年以来，两国的友谊发展得到了证实，双边关系越来越密切，两国友谊的基础越来越坚实。这种深厚友谊关系的秘密，就是双方的相互信任、真诚相待、相互支持与互惠合作。

中国外长访问巴基斯坦期间重申这个事实，即中巴友谊是两国外交政策的基石。他与巴方确认了中巴友好年里一次最重要的访问，即习近平主席将对巴基斯坦进行国事访问。这将是习主席对中国"铁哥们"的首次访问（上一年的访问计划因巴基斯坦伊斯兰堡发生的大规模抗议活动而被迫取消）。

王毅出任中国外长以来首次对巴基斯坦进行的富有成效的访问涉及多个主题。中国和巴基斯坦为阿富汗的稳定及其和平进程的恢复和重建提供支持而共同努力。王毅宣布中国支持"阿富汗政府与包括塔利班在内的多方政治力量共同协商解决问题"，此建议得到了广泛赞同。

其他重要的日程包括作为中国宏大工程"丝绸之路经济带"和21世纪"海上丝绸之路"的组成部分的中巴经济走廊议题，此议题的重点是构建一体化贸易和商业网络，这与丝绸之路的聚焦点相通。令人期待的习近平主席对巴基斯坦的访问将快速推进中巴经济走廊的早期收获工程，诸如瓜达尔港建、能源、交通基础设施和工业合作等。

巴基斯坦的工作是尽力消除中国对巴国安全局势的担忧。除了担心恐怖主义将威胁双方的经济合作外，中国还担心恐怖主义会蔓延至中国国土上。曾经支持新疆暴乱事件的恐怖主义组织——"东突伊斯兰运动"的成员在巴基斯坦境内被捕获，希望巴基斯坦军队在北瓦济里斯坦发动的"扎尔伯伊阿兹伯"（Zarb-e-Azb）军事行动将摧毁该恐怖组织的训练基地。王毅外长与巴基斯坦陆军总司令的会晤应该在某种程度上减轻了中国政府的忧虑。

当今世界因纷争而撕裂，充满了各种考验、磨难、冲突和不信任。

中国-巴基斯坦友好年启程

在这样的环境下,中国和巴基斯坦根深蒂固的友谊对所在区域和世界来说都是一种希望。这个友好关系不仅存在于两国政府之间,而且根植于两国人民的心中。

远亲不如近邻

《巴基斯坦观察者》2015 年 1 月 9 日

中国有句古谚语说："远亲不如近邻。"中国政府正在努力带动其邻国走共同发展的道路，为周边外交注入新活力。这个高尚的使命说起来容易，做起来艰难，因为中国的邻国情况复杂多样，有极贫的，也有极富的；有与中国公开为敌的，也有企图暗中搞坏中国的。

中国领导人大概信奉《太上感应篇》，其中有谚语称："见人之得，如己之得；见人之失，如己之失。"12 世纪成书的《太上感应篇》是老子道教之经典，在中国一直非常有影响力。

中国国家主席习近平显然从这些古代宝典中汲取了智慧，并将其运用于外交关系的处理之中，以表明中国是一个有价值的邻国。2014 年将在中国历史上书写下开创安全、友好和繁荣友邦关系的重要篇章。

2014 年，中国的领导人们跨越了从中亚到东南亚，从朝鲜到蒙古，从印度到斯里兰卡的广大土地。他们主动践行中国的积极外交政策，努力使各邻国与中国一道，致力于开创一个越来越安全、和平和稳定的国际环境，以便推进包括中国自身在内的各国在相关区域的共同发展。

2014 年里也发生了一些麻烦事，比如，日本翻出了其帝国主义和军国主义的老账。日本在第二次世界大战期间侵略和占领了其邻国中国和韩国，并犯下了滔天大罪。然而，它却顽固坚持无视中国和韩国人民的感情，结果只能是疏离邻国。东京非法索要钓鱼岛，表现出一

远亲不如近邻

种麻木不仁和咄咄逼人的姿态,日本首相还特意参拜有争议的靖国神社,所有这些都是日本政府不顾及他人感受的做法。靖国神社是一座神道教祠堂,供奉着1867—1951年间为日本天皇战死的官兵的牌位。共有2466532名死者被编入"灵玺簿",包括被第二次世界大战法庭定罪为战犯的1068人,其中14名二战甲级战犯(犯有"战争罪")。日本裕仁天皇从1978年起,直到1989年去世为止,没有参拜靖国神社。根据2006年公开的一个备忘录,已故日本前宫内厅长官富田朝彦(Tomohiko Tomita)称,裕仁天皇亲言,因为二战甲级战犯被供奉,所以他拒绝参拜神社。自1978年以来,没有日本天皇去靖国神社参拜。因此,日本首相此次参拜靖国神社显然是故意激怒中国和韩国的行为。

面对这些挑衅,中国在处理这些争议问题上表现出成熟和稳重,力求友好解决问题。中国还提升了与韩国的关系,自2014年7月习近平主席的韩国之行后,中韩关系开始进入快速发展轨道。

2014年底,紧随北京成功举办亚太经合组织(APEC)峰会之后,习近平主席开启了对澳大利亚、新西兰和斐济等为期10天的出访。习主席南太平洋"旋风式"访问的议程包括出席在澳大利亚港口城市布里斯班举行的第九届二十国集团峰会,对上述三国进行国事访问,会晤那些与中国有外交关系的太平洋岛国的领导人。出访期间,习主席将访问7个城市,进行80多次双边和多边会谈,与近40位国家、国际组织领导人和各界人士进行广泛和深入的交流。

中国也表示愿意积极参与饱受战争蹂躏的阿富汗的重建。在北京主办的阿富汗问题伊斯坦布尔进程第四次外长会议上,中国总理李克强做了会议开幕演讲,题为"携手促进阿富汗及地区的安全与繁荣",阐述了应对阿富汗重建中将面临的各种挑战的路线图。

中国和东盟(ASEAN)的伙伴关系将从其硕果累累的"黄金十年"

步入"钻石十年"。对东盟国家而言,2015年是充满希望的一年,也有望推动东盟整合进程更进一步,实现东盟经济共同体蓝图。

紧随中共中央政治局常委俞正声在2014年12月对越南的访问,中越关系呈现令人鼓舞的改善迹象。双方同意通过对话形式解决海事纠纷和减控分歧。另一个在中国南海领土主权问题上与中国关系反复无常的国家是菲律宾。菲律宾为了某些既得利益,曾经试图将这个区域问题国际化,中国则希望通过双边对话解决这个问题。

尽管由于巴基斯坦国内的政治波动,习近平主席访问伊斯兰堡的计划不得不推迟,中国和巴基斯坦的关系仍然有所提升,中国在巴基斯坦启动了新发展倡议和工程。

我们希望中国的友邻外交政策在2015年能够继续下去,这种友好邻国政策将保证整个区域的和平与繁荣。那些惧怕中国快速崛起的邻邦应该消除它们的顾虑,因为中国向它们发出了邀请,努力希望带领所有邻邦踏上共同进步的征途。

李克强达沃斯论坛讲演倍受赞誉

《巴基斯坦观察者》2015年1月29日

李克强总理在瑞士达沃斯年度世界经济论坛上的主旨讲演得到了全球经济学家和企业家的普遍称赞。

李克强总理讲演指出,中国将全面深化改革,加大对外国投资者的开放,继续促进贸易和投资的自由化和便利化。这些承诺阐述了中国经济的"新常态",呈现出稳定增长、优化结构和提高质量等积极趋向。李克强重点阐明了中国的新标准框架,邀请所有国家与中国一道促进开放和创新,反对保护主义,扩展区域经济合作,加强宏观经济的国际合作。

中国总理的倡议收获了积极的反馈。多数欧洲经济学家认为,中国的经济持续改革与区域发展倡议将惠益于中国自身和世界其他国家。必须强调,中国经济转型和提升过程中所面对的主要危险是经济停滞,而现在中国已经跨过了此阶段。令人鼓舞的是,作为世界第二大经济体,中国的经济目标不会硬着陆,而是争取新高度。

中国经济改革有可能产生双重影响。其一,如果中国经济增长势头强劲,特别是从投资和出口到消费的再平衡,那么,这种增长将惠及所有各方。其二,把市场作为经济决策的主要决定元素,也将便利贸易。

中国经济改革旨在促使更多竞争和创新,这种改革是中国可持续发展的关键,也是合乎逻辑的。因此,中国通过加速经济改革,扭转

中国故事：改革开放四十年成功转型之路

其经济增长趋势，在中国引领全球经济中增添一个新维度，这是十分必要的。

李克强总理在达沃斯论坛上的讲演，证明了其先前关于中国经济的判断是真实的，即中国经济增长将不会对其经济体造成打击，或者影响其经济的平稳和健康发展。从某个意义上讲，中国放缓其经济增长步伐是具有积极意义的，因为这表明了一个事实，即经济增长的基础将变得更加坚实。

李克强的演讲明确表示，中国更加重视经济发展的质量，而不是数量。

最近几年，中国一直集中关注通过金融、货币政策和基础设施长期投资的配合来达到经济升级。最显著的例证就是中国主导提出的"丝绸之路经济带"和"21世纪海上丝绸之路"倡议、金砖国家发展银行的启动、亚洲基础设施投资银行的建立，所有这些均以赞助全球公共投资为宗旨，实现互利共赢。中国为全球公共投资融资的愿望值得赞许，因为与经济改革相结合的新投资具有较好的倍增效应。

在贸易政策领域，中国加速区域贸易一体化的努力很重要，中国公司日益出现在全球市场竞争中，而那些主张针对中国的保护主义理念的国家则呈现减退趋向。

我们注意到，李克强总理承诺继续推进人民币国际化进程，对于那些希望摆脱美元贸易束缚的国家而言，将创造一个扩展中国与多数国家双边金融合作的有利环境。

多数著名的国际经济学家达成一致看法，即中国能够获得以创新为导向的增长，因为中国政府正在推进更多的创新支持措施，包括鼓励创业和促进互联网经济发展等。

李克强总理的演讲明确阐述了始于2014年的新一轮全面改革的重

李克强达沃斯论坛讲演倍受赞誉

要举措,改革将重新调整中国经济结构,通过简政放权刺激市场经济,2015年将延续此改革势态。由此可见,李克强总理传递了一个明确的信息,即对中国经济发展的自信将提振建设中国经济体和其他国家经济体的信心。在许多国家仍在努力应对金融危机余震的环境下,中国向世界表明了其前行之路。

习近平的反腐斗争

《巴基斯坦观察者》2015年1月15日

中国共产党总书记、中国国家主席习近平承诺坚决打击和惩治腐败行为,并为此发起了反贪腐斗争。

中国共产党领导的反贪污机构召开了全体会议,讨论制定对欺诈、贪污受贿的"零容忍"政策。2014年12月,中央政治局25名委员开会,高层政治领导人宣布要坚定不移地打击腐败。随后,中央纪律检查委员会召集了为期三天的闭门会议。政治局会议通过决议,将不允许国家干部为一己私利而拉帮结派。习近平主席一直致力于打击地方政府和特定行业里存在的政治派系和集团腐败行为。由政治局常委王岐山挂帅的中国共产党中央纪律检查委员会在这场反腐斗争中发挥了核心作用,期间全国有数百名政府官员被调查和惩处。两年前,北京开始了一场影响广泛的根除腐败行为的斗争,涉及政党、政府、军队和国企等各部门的官员。在当前的斗争中,中国共产党的反腐目标既包括高级政府官员和资深党员,也包括基层政府官员和党员,即所谓的"老虎"和"苍蝇"一起打。

根据中央纪律检查委员会的数据,反腐斗争实施以来,在2013年,共有18.2万名官员因违纪而被惩治。中共党员们被严格禁止大摆盛宴、收送贵重礼物、操办奢侈婚宴和葬礼。2014年的反腐斗争涉及数位重要人物,包括前公安部部长周永康、前中央书记处书记令计划、前中央军

习近平的反腐斗争

委副主席徐才厚、前政协副主席苏荣等。数十名部长和省级官员落网。此外,有两位来自山西省的女官员因受贿和通奸等罪名落马,中共反腐斗争最高机构公开指控女干部通奸的做法实属罕见。其中一位是49岁的张秀萍,曾任晋中市委副书记,并担任山西省纪委副秘书长十多年。另一位是43岁的杨晓波,曾任高平市委副书记。

另外,因涉嫌受贿而被立案侦查的还有贵州茅台集团副总经理房国兴。中国的反腐斗争是分几个步骤实施的,还出版了《习近平关于党风廉政建设和反腐败斗争论述摘编》。中宣部和中纪委发布通知,要求全体党员干部深刻领会和牢记习总书记的话语,严格遵守党纪国法,保证反腐斗争的有效进行。此外,习主席希望老党员、老革命支持反腐败斗争。习近平还特别要求共产党员保证党内在反腐斗争上的团结一致,因为他消除腐败的强硬措施可能会引起党内的不同意见。其次,从根本上铲除腐败,需要改变司法体制,需要全社会行动起来。在这方面,中国共产党制定了问责和全面依法治国制度,旨在通过法律和宪法的遵守来保护人民的利益。与此同时,围绕习近平所从事的艰巨反腐败任务,也有来自西方评论家的负面评议。少数人认为,被拍打的只是"苍蝇","老虎"则逍遥法外。然而,我们看到,上面列举的那些都是老干部,可以证明这类批评是不合理的。一些评论家将此次反腐败斗争与毛泽东发动的"文化大革命"相比拟,但是,这些人可能忘记了一个事实,那就是时代变了,今天中华人民共和国的人民享有更多的民主,中国共产党内部的制约与平衡只会促进习近平主席根除腐败斗争的开展,而不会削弱其力量。

纪念毛泽东诞辰 121 周年

《巴基斯坦观察者》2014 年 12 月 31 日

对巴基斯坦人来说,12 月貌似是个不吉利的月份。1971 年 12 月 16 日,东巴基斯坦分离出去,成立了孟加拉国。2007 年 12 月 27 日,曾两度担任巴基斯坦总理的贝娜齐尔·布托被残杀。2014 年 12 月 16 日,塔利班武装分子袭击白沙瓦军校,142 人丧生,其中 131 名是学生。然而,我们仍然应该在这个月份寻找希望。因为 1876 年 12 月 25 日,巴基斯坦伟大领袖穆罕默德·阿里·真纳诞生,他创建了巴基斯坦这个国家,但他在没有看到巴基斯坦获得自力更生能力的那一天,就离开了人世。12 月在中国是充满希望的月份,1893 年 12 月 26 日,毛泽东诞生。

毛泽东主席是中国共产主义革命家、中华人民共和国的开国元勋。他出生于湖南的一个富裕农民家庭,毛泽东在其早年就接受了中国民族主义和反帝国主义的世界观。他在北京大学工作时,接受了马克思列宁主义思想,并成为中国共产党的奠基者之一。1927 年,毛泽东领导了秋收起义。在中国国共内战期间,毛泽东亲手建立了红军,领导实施江西苏维埃土地改革政策,并最终在长征期间成为中国共产党的领导人。

1949 年 10 月 1 日,毛泽东宣布了中华人民共和国成立,中华人民共和国是中国共产党领导的一党制国家。① 后来中国领导人引入改革开

---

① 正确说法是:中国共产党领导的多党合作和政治协商制度。——译者注

放政策，中国获得了巨大的进步和繁荣。但是，毛泽东是备受广大中国人民崇敬的伟大领导人和共产党领袖，其重大功绩不可泯灭。

毛泽东诞辰121周年纪念活动在北京举行，阅读这次持续三个小时的纪念活动的相关资料，我年轻时第一次到访中国的记忆如潮水般涌上心头。我第一次感知中国人民对毛主席的崇敬是在1974年，那年，我作为一名空勤人员首次来到中国。我们看到每个中国人都身着那种类似毛主席曾经穿过的传统制服。出于好奇，我对这种制服的起源和地位做了个小研究。根据从多处搜集来的资料，我发现这种制服具有如此鼓舞人心的象征意义，因此，我愿意在此与大家分享一些。

中国的普通公职人员和领导穿着相同的制服——中山装（以孙中山为名），后来也有人称其为"毛式制服"。[①] 中华民国建立不久，孙中山就将此款服装引入中国，作为中国的国服。毛主席非常了解中国被侵略、受压迫和被分裂的历史。着眼于那个时代的需求，他要在新中国灌输一种纪律意识。

为了把中华人民共和国初期的国民团结成一股力量，毛主席给民众灌输一种组织纪律性，着装规定就是一种象征性做法。中国人几十年身着一种服装，直到国家取得了一些发展，这是一种明智的做法。后来那些有远见的中国领导人们适应现时代需求，在着装方面做了改进。但是，直至今日，在正式场合，中国领导人还身着"毛式制服"。

中山装具有明确的象征意义，蕴含深刻的思想内容。上衣朝外的四个衣袋与中国人的平衡和对称理念相一致，代表《管子》所阐述的"四德"：礼、仪、廉、耻。门襟上的五粒纽扣代表孙中山的五权宪法学说：立法权、监察权、考试权、行政权和司法权。袖口的三个纽扣象征孙中

[①] "毛式制服"是外国人的说法，因为毛泽东非常欣赏和坚持身着中山装。——译者注

中国故事：改革开放四十年成功转型之路

山的三民主义：民族、民生和民权。最后，中山装用一块整布制成，象征着中国的和平统一。

直到今天，"毛式帽子"仍然十分流行。当我们首次踏上中国大地时，我们看到所有人都身着"毛式制服"，象征着每个人都紧随毛泽东。这真是非常有趣！大概在我第二次去中国的时候，我问我们的陪同人员哪里可以买到一顶"毛式帽子"。他摘下自己的那顶送给了我。这让我十分感动，之后，我在穿飞行服时经常佩戴"毛式帽子"，也因为其橄榄绿颜色与我的飞行服很相配。

逗留中国期间，我们的中国主人每次用餐时，都会举杯祝福布托总理及其之后的巴国领导人；[1] 而我们则将回应"祝愿毛主席健康长寿"。

那些年里，我们频繁飞行在巴基斯坦和中国之间。好像是命运的安排，1976年9月9日毛主席逝世的噩耗传出时，我们恰好在乌鲁木齐逗留。我们见证了当地人民悲痛欲绝的样子，就像他们失去了自己的亲生父母。

值中巴建交60周年之际，我和我的几位新闻界同行非常荣幸地受到中国共产党的邀请，来华参加庆典活动。23年后再次来到中国，我眼界大开。中国从一个落后的中世纪国家一跃而成为一个现代民族国家。[2] 破旧简陋的房屋不见了，现代中国以大都市的扩展而自豪。从"紫禁城"到"生态城"，中国经历了一个漫长的旅程。

作为行程的一部分，我们荣幸地获得去重庆参观的机会，我们参观了当年毛泽东、周恩来等人曾在重庆的居所（现在成为一家博物馆）。

---

[1] 此处布托应该指的是祖非卡尔·阿里·布托，已故巴基斯坦前总理贝娜齐尔·布托之父。1971—1973年任巴基斯坦总统，1973—1977年任巴基斯坦总理。——译者注
[2] 此处的"中世纪"一词，没有严格意义上的历史时代划分概念，作者或许想表达中国改革开放后发生的显著和巨大变化。——译者注

纪念毛泽东诞辰121周年

1937年12月13日，中华民国首都南京沦陷于日本侵略者之手，周恩来随同国民政府迁到武汉，并将其作为临时都府。1938年秋，日本军队逼近武汉，国民军在武汉周边地区与日军作战4个多月，保护国民党向内陆撤退到重庆，并保证提供重要的补给，保护资产和难民。周恩来作为一名共产党员，当时协助毛泽东的工作。他的住处是一所面积不大但很僻静的房子，由一名党员提供。地处嘉陵江畔的这所旧居现在对公众开放，收取一点门票费。房子一直处在保护中，基本维持原样。

令人欣喜的是，伟大领袖们领导中国共产党战胜各种艰难险阻，从弱小发展到强大。据各种报告和资料记载，日本侵略军曾不断企图炮轰周恩来的住所，但他们的炮弹从未准确定位到这所房子。房子包括一个漂亮的庭院，多个房间。看到毛主席和周恩来当年住过的小房间里的简陋木床、粗布毛毯、小木桌与保存在藤子书柜里的书籍，我们无比感慨。

游廊里摆放着四把木质椅子和一张桌子，桌子上有四个茶杯，茶杯经过修补，破裂处还看得出，历经时代风雨，依然保存至今。在这里，毛泽东和周恩来曾先后接待过许多领导人，包括外国人。这里营造了一种神奇气氛，参观者脑海里会出现毛泽东和周恩来坐在那里与蒋介石的美国、英国、加拿大、俄罗斯顾问们、其他国家的外交家，还有海明威及其夫人玛莎等来访者谈判和交谈的场景。周恩来在重庆度过了一段较长时间，度过了一段非常艰难的时期，直到打败国民党。在一个安静的花园里矗立着毛主席的巨大雕像，旁边是周恩来的塑像，这样的安排或许是表示对周恩来卓越贡献的认可吧，或许在这个花园里，两人曾一同散步，一起讨论和商议重大战略。

到北京后，我们发现日程安排里没有参观毛主席纪念堂这一项。我们向邀请单位提出请求，允许我们去瞻仰毛主席的遗容，因为我们认为，到中国就必须向毛主席致以敬意。主办方接受了我们的请求，但因

中国故事：改革开放四十年成功转型之路

为是临时加入的安排，要求我们一大早去参观，以免影响其他议程的进行。我们到达天安门广场的时候，那里等候参观的人已经排成了长长的队伍。那是寒冷的 12 月的一个雾蒙蒙的清晨，但数百名中国人和外国游客为了表达对毛主席的崇敬，硬是顶着恶劣天气，排队等候在纪念堂门前。

我们的邀请单位花了很大力气，没有让我们排队，特殊安排了我们的瞻仰活动。我们被毛主席纪念堂里的庄严气氛深深打动，毛主席的遗体做了防腐处理，他平躺在一个水晶棺里，看上去像菊花一样清新。我们也非常想参观周恩来的陵墓，因为他曾是毛主席的得力助手，在中华人民共和国的成立中作出了重大贡献。然而，根据周恩来的遗嘱，他的骨灰被撒进了祖国的江山大海，没有建陵造墓保留下来。

笔者有幸被邀请到中国共产党第十八次代表大会的会议现场。会议召开前，我们参观了上海中共一大会址蜡像馆，1921 年 7 月 23 日中共一大在此秘密召开。一大共有 13 名代表参加。那时的中国处于法国、英国、德国、美国和日本等外国占领下，这些殖民主义国家榨取中国的人力和资源，将中国人民置于贫困和饥饿之中。

尽管中国比巴基斯坦晚两年独立，但中国在历届远见卓识的领导人的带领下，经历了长久的艰苦卓绝的磨炼，现在已经发展成为一个世界强国。

执笔撰文纪念毛泽东诞辰 121 周年之际，我意识到巴基斯坦也在经历着各种艰难困苦。面对众多挑战，巴基斯坦需要一个像毛泽东一样的政治家，赋予涣散的民众以纪律性；需要一位像周恩来一样的人物带领民众贯彻执行毛泽东思想；需要一位邓小平式的人物进行经济改革；需要习近平这样的领导人绘制国家蓝图，引领人民达到更高目标。

巴基斯坦历史上出现过伟大领袖穆罕默德·阿里·真纳，然而，在

纪念毛泽东诞辰121周年

巴基斯坦独立初期，残酷的死亡之手将他从我们身边带走了。后来的领导人缺乏领导才能，巴基斯坦现在亟需一位真正的政治家带领人民走出困境。

中国治理

《每日时报》2014年12月24日

中国共产党总书记、中国国家主席习近平的《习近平谈治国理政》一书出版，使其成为近年来在任期内出版著作的首位中国国家领导人。该书的中文版发行后，被翻译成了英语和其他8种语言，并首次亮相于2013年10月的法兰克福书展。12月19日，《习近平谈治国理政》一书在伊斯兰堡发布，该书成为世界了解中国的窗口。中国是最古老的文明之一，尽管汲取了许多历史教训，但前进的道路上依然面临各种坎坷。

从19世纪到20世纪中期，中国处在包括日本在内的外国列强的殖民掠夺下。在孙中山等领袖的努力奋斗下，中国结束了封建帝制。在毛泽东的领导下最终摆脱奴役，建立新中国，并着手实施国家的重建。后来的领导人邓小平的改革、开放等理论和实践将中国在短短的30年中推到一个新发展高度。如今，中国成了世界第二大经济体，正在努力朝着世界第一大经济体的目标而奋斗。

就在中国经济发展处于关键之时，习近平成为国家领导人，确定了其特别的治理方式。习近平发动了大规模的反腐败斗争，涉及多名高级领导人和官员；他扩大经济改革力度，建设中国特色的社会主义。习近平主席提出了"中国梦"目标，即建设中国人民的美好未来，实现中华民族的伟大复兴，建立与邻邦国家的密切合作伙伴关系。

《习近平谈治国理政》一书记录了中国中央领导阶层的思想和实践，

中国治理

回答了国际社会问题,提供了对中国崛起和未来发展方向以及对世界影响的深度理解。国际社会对中国增长和发展的"秘密"表现出强烈的兴趣。该书收入了习近平总书记在 2012 年 11 月 15 日至 2014 年 6 月 13 日这段时间内的讲话、谈话、演讲、答问、批示、贺信等 79 篇,分为 18 个专题,对于国际读者了解中国的社会制度、历史和文化非常重要。

习近平总书记在书中提出了问责概念和全面法治的重要理论指南,中国共产党的全面法治建设建立在以法律和宪法为本、以保护人民利益为本的基础上。法治保障人民愿望的实现,法治将决定中国的命运。

习近平总书记提出了许多新思想、新理念和新论断,回应了与当代中国共产党和中国发展相关的许多重大理论和实践问题。这些理论表明了中国治理过程中的中央集体领导的理念和战略。《习近平谈治国理政》一书由国务院新闻办公室会同中央文献研究室、中国外文局共同编辑和出版发行,有多语种版本,乌尔都语版本正在翻译中,此版本的发行将帮助巴基斯坦人了解中国。

《习近平谈治国理政》阐述了以习近平为首的中共中央领导制定的应对挑战的核心战略、中国经济高速发展,以及到 2020 年中国城乡人均收入比 2010 年翻一番的重大艰巨任务。中国将继续加快建设中国特色社会主义的步伐,促进国家治理体系的现代化,提高国家治理能力,以便为中国的长远发展奠定坚实的制度基础。中国将推动新工业化、信息化、城市化和农业发展,同时鼓励投资和消费,确保实现小康社会。习近平总书记特别重视腐败、环境污染、非法占地、劳工纠纷和食品安全等问题。中国发展面临的挑战还包括解决人口老龄化这个严峻问题,为此,政府正在尝试建立全国养老中心网络。

中国故事：改革开放四十年成功转型之路

《习近平谈治国理政》一书详细阐述了中国成功崛起为一个重要的世界经济体的经验。巴基斯坦的增长一直遭受许多不相关因素的牵制和阻碍，我们应该从中国崛起中学习和汲取经验。

习近平的南太平洋序曲

《巴基斯坦观察者》2014 年 11 月 28 日

习近平主席领导的中国正在努力结交新朋友,刚刚结束的习近平为期 10 天的澳大利亚、新西兰和斐济之行就是最好的例证。2014 年年底,紧接着北京成功举办亚太经合组织(APEC)峰会之后,习近平主席开启了对澳大利亚、新西兰和斐济等国的 10 天出访。习主席南太平洋旋风式访问的议程包括:出席在澳大利亚港口城市布里斯班举行的第九届二十国集团(G20)峰会,对上述三国进行国事访问,会晤那些与中国有外交关系的太平洋岛国的领导人。出访期间,习主席将访问 7 个城市,开展 80 多次双边和多边会谈,与近 40 位国家、国际组织领导人和各界人士进行广泛和深入的交流。

二十国集团峰会为各国领导人提供了一个重要机会,他们可以利用这个场合广泛讨论全球经济问题,以便利用集体的力量改善各国人民的生活。习近平在 2014 年的二十国集团峰会上致辞,向各国领导人保证,中国将保持经济增长态势,为全球经济作出更大的贡献。因为中国坚持全方位包容政策,所以,习近平敦促世界主要经济体共同促进改革,执行综合发展战略,推动世界经济从周期性复苏进入可持续性增长。

中国国家主席习近平乐观地指出,世界经济从上年的低谷状态正在慢慢上升,但整体复苏仍不尽如人意。在这种背景下,习近平坚持认为,二十国集团成员的首要任务是合作制定宏观经济政策,减少经济风

中国故事：改革开放四十年成功转型之路

险，创造更多就业机会，改善民生。

不久前举办的亚太经合组织领导人非正式会议围绕推动亚太地区增长拟定了规划。这次 G20 峰会给其成员国提供了一个制定全面增长战略的平台。为落实全面增长战略，习近平主席建议，G20 成员应该致力于发掘和培育经济持续增长的动力，形成各国发展创新、利益融合、增长联动的新局面。

上述建议是基于中国发展经验提出的。因为中国经济增长在全球经济发展中发挥了重要的引擎作用，中国是 G20 全面增长战略的最大贡献者。作为各种国内改革的结果，中国经济可能继续保持强劲、可持续和平衡增长势头，并将给世界经济提供更大需求和更多机会。

作为一位理性的世界领导人，习近平以乐观的态度期盼其所有邻国实现经济增长。他呼吁二十国集团成员要树立利益共同体和命运共同体意识，真正成为世界经济的稳定器、全球增长的催化器、全球经济治理的推进器。

参加 G20 峰会的各国领导人也有同感。中国重建经济的努力得到各国领导人的赞赏；同时他们也坚信，中国经济将持续增长，因为它是与世界经济的回升态势互相关联的。

习近平主席还对澳大利亚和新西兰进行了国事访问。尽管澳大利亚总理曾拒绝参加亚洲基础设施投资银行的启动，习近平还是诚挚地与澳大利亚总理和新西兰国家领导人会面，同意将与两国的外交关系提升至全面战略合作伙伴关系。中澳还共同宣布了双边自贸协定谈判的正式结束。

在与新西兰总督杰里·迈特帕里（Jerry Mateparae）会谈时，习近平指出，中-新关系处于中国和发达国家关系的前沿，为不同政治制度、历史、文化和发展阶段的两个国家友好外交关系树立了榜样。习近

习近平的南太平洋序曲

平在与新西兰总理约翰基的会谈中指出，中-新两国建立了高度的政治互信，并在相互理解、包容和平等基础上开展了广泛的多领域互惠合作。他建议双方保持高层接触，构建多层次、多渠道的双边交流合作模式。习近平呼吁尽早实现双边贸易的新目标，即到2020年双边贸易将达到300亿新西兰元（约合235亿美元）。习主席还表示，双方应进一步巩固在农业和畜牧业等传统行业以及金融服务、信息技术、能源储备、环境保护和生物医药等其他领域的合作。

中国国家主席首次访问斐济，宣布这个岛国为中国的真诚朋友和太平洋地区的重要伙伴，书写了中国-斐济关系的历史新篇章。2015年是中-斐建交40周年，为纪念这个重要事件，习近平宣布中国将加强与斐济在各个层次上的交流，扩展双边务实合作，进一步推动双边关系的深化。

同时，中国还与其他8个太平洋岛国达成建立相互尊重和共同发展的战略伙伴关系的协定，这8个岛国是从20世纪70年代以来先后与中国建立外交关系的。在与这些国家领导人的会谈中，习近平阐述了新时代中国提升与岛国外交关系的政策和措施，他强调指出，中国愿做各国的真诚朋友与合作伙伴。他称颂中国与这些国家共同利益的扩展，表示双边友好关系进入了快速发展的轨道。

中国国家首脑对南太平洋国家的访问将有助于推动习近平"21世纪海上丝绸之路"倡议尽早收获成果。除了巩固与这些海洋国家的外交关系外，中国还向他们承诺共享发展经验和成果，欢迎这些国家搭乘中国发展"快车"，将各国的发展愿景融入"中国梦"，从而实现互利互惠。

重新启动亚太经合组织

《每日时报》2014 年 11 月 11 日

时隔 13 年,中国再次主办亚太经合组织(APEC)领导人非正式会议,挑起亚太地区经济振兴的重任。亚太经合组织成立于 1989 年,有 21 个环太平洋国家成员。亚太经合组织论坛旨在促进整个亚太地区的自由贸易和经济合作,促进各经济体之间日益增长的相互依存,作为一个区域贸易集团,共同挑战金融危机带来的持续萧条。亚太经合组织既定目标的实现遇到了三个阻碍。第一,其成员国中既有非常富裕的国家,也有贫困国家,它们不平衡的经济机构造成了各种安排的临时特点,而不是像欧洲联盟那样遵循严格的贸易协议。第二,亚太经合组织一直被认为仅仅是一个论坛,只是公布和提出了一些非强制性的宣言、倡议和路线图,这种区域安排是对经济发展不平等的各太平洋沿岸国家的一种妥协。第三,环太平洋地区已经存在两个主要的贸易谈判体系,一个是美国主导的"跨太平洋伙伴关系协定"(TPP),其成果不大,因为亚洲的主要经济和贸易伙伴中国不是该体系的成员。另一个是"区域全面经济伙伴关系"(RCEP),该组织也没有充分发挥潜力,因为世界最大经济体和亚洲制造商品的主导消费者美国不是该组织的成员。北京亚太峰会考虑到了欧盟的弱点,尽力避免重复;同时,也从多哈圆桌会议吸取教训,采取具体措施,重启地区经济增长之引擎,达成务实和创新的合作方式。

重新启动亚太经合组织

中国提出促进亚太自由贸易协定,在整合"跨太平洋伙伴关系协定"和"区域全面经济伙伴关系"组织的道路上迈出了务实的一步,为日后以观察员和正式成员国身份加入"跨太平洋伙伴关系协定"做了铺垫。同样,美国也可以通过类似的途径加入"区域全面经济伙伴关系"组织中来。

作为2014年亚太经合组织领导人非正式会议的东道主,习近平主席展现了中国的责任担当。习近平在APEC工商领导人峰会的开幕式上发表了题为"谋求持久发展 共筑亚太梦想"讲演。他指出了各国所面临的挑战,各国脆弱的经济仍然处在从国际金融危机中的恢复阶段;习近平建议亚太组织21国携起手来,共同寻求提振区域经济合作、加强基础设施投资和全面联动的具体解决办法。习近平强调指出,如果大家不行动起来,亚太地区和全球经济将会被拖入一个破坏性的动荡状态。

亚太经合组织秉承开放原则,它不是持有准入证的行政官员们的"封闭俱乐部",而是对所有成员国开放;欢迎所有国家,不论其经济强大,还是薄弱,携手共建亚太区域开放式经济。习近平主席强调指出,开放是至关重要的标准,开放将带来进步,锁国将导致落后。

为确保2014年亚太经合组织领导人非正式会议取得成果,《亚太经各组织关于促进全球价值链发展合作的互联互通战略蓝图》和《亚太经过各组织关于创新发展经济改革与增长的新共识》正式出炉,旨在培育更多的可持续性和包容性经济体。

鉴于大多贸易政策仅适用于通过实施关税或非关税措施的边境贸易,中国正在准备另一个关于全球价值链的倡议,增强APEC成员监督、扩大和完善价值链各环节的能力。

中国提出的其他一些倡议或方案也在会上引发了一些辩论,其中包括"丝绸之路经济带""21世纪海上丝绸之路"和建立亚洲基础设施投资银行（简称"亚投行"）等。有趣的是，美国对设立亚投行倡议持有严重保留意见，认为这将削弱现有的多边发展银行体制，比如，亚洲开发银行和世界银行，因为开发银行必须坚持高标准，才能保证其项目运作成功，并保证投资者的利益。事实上，人们不应该把亚投行视为劲敌。相反，它将作为亚洲开发银行和世界银行的补充，与两者合作融资，从而为更大的工程提供金融支持，共享经验，共同受益。本人以为，美国可以考虑加入亚投行，因为作为世界第一大经济体和在亚洲经济中的重要参与者，从逻辑上讲，美国理应成为该体制的主要股东。

亚太经合组织的重启将缩小其成员国之间的发展差距，有望实现贸易扩展的目标。

中国为"亚洲之心"注入活力

《每日时报》2014 年 11 月 4 日

第四次"亚洲之心"伊斯坦布尔进程部长级会议在北京闭幕。"亚洲之心"一词由巴基斯坦诗人穆罕默德·伊克巴尔（Muhammad Iqbal,1877—1938 年）首次提出，他曾把阿富汗称作"亚洲之心"。伊克巴尔认为，如果亚洲的心脏出毛病了，整个亚洲都会痛苦。伊斯坦布尔进程会议于 2011 年 11 月启动，旨在扩展阿富汗与其邻国以及受到同样威胁的地区伙伴之间的务实合作，提供一个讨论区域问题的平台，尤其是涉及安全、政治和经济发展挑战的问题。

该论坛建立以来，没有进展，也没有实现承诺，因此，出现了一些对伊斯坦布尔进程的批评声音和悲观看法。比如，路透社曾在头版刊文称"亚洲心脏动脉堵塞"，并得到了其他媒体的呼应。

"亚洲之心"倡议成员国包括阿富汗、阿塞拜疆、中国、伊朗、哈萨克斯坦、吉尔吉斯斯坦、巴基斯坦、俄罗斯、沙特阿拉伯、塔吉克斯坦、土耳其、土库曼斯坦、阿联酋和乌兹别克斯坦，尽管该组织在美国和其他 20 个"支持国"和组织的监察下，仍然呈现区域内部争斗和利益冲突的形象。在伊斯坦布尔进程的首次会议上，希拉里·克林顿宣布了华盛顿的"新丝绸之路"愿景，但它却作为一个超现实的梦想逐渐消失了。在这样的背景下，中国主动肩负起重担，主办第四次"亚洲之心"伊斯坦布尔进程部长级会议，并将国情不同的所有成员汇集起来，

中国故事：改革开放四十年成功转型之路

共同提振这个合作平台的活力。李克强在伊斯坦布尔进程第四次外长会开幕式上发表题为"携手促进阿富汗及地区的安全与繁荣"的演讲，公布了应对未来挑战的路线图。

中国获得主办伊斯坦布尔进程的首次机会，为实现具体目标提供了动力。阿富汗新当选总统阿什拉夫·加尼选择北京作为他的首次国事出访目的地，给世界释放了一个强烈信号，那就是，中国在有关阿富汗问题与后北约时代的区域合作机制中将发挥重要作用。美国国务院欢迎中国的倡议，认为北京伊斯坦布尔进程会议的举办表明了中国在阿富汗及其区域角色问题上的责任担当。

李克强总理在讲话中强调了阿富汗地理位置的重要性。阿富汗位于南亚、中亚和西亚的交汇处，东邻中国，曾经是古代丝绸之路上一颗璀璨的明珠，众多文明在此激荡交融，多个王朝在此留下历史的印记，可谓名副其实的"亚洲心脏"。

2001年以来，中方免除了阿富汗的到期债务，提供了15.2亿元人民币的无偿援助，援建了喀布尔共和国医院、帕尔旺水利修复工程、阿富汗国家科技教育中心、喀布尔大学中文系教学楼等多个重大民生项目，培训了1000多名各领域专业人才。

第四次伊斯坦布尔进程部长级会议由中阿两国外长共同主持，来自30个国家和区域组织的代表出席会议。会议发表了《阿富汗问题伊斯坦布尔进程北京宣言》，这是中国对阿富汗和平、重建和复兴的官方文字表述。中国支持阿富汗重建不仅仅停留在口头和文字上。会议结束后不久，中国就向阿富汗提供了5亿元人民币的无偿援助，并承诺在接下来的三年将向阿富汗提供15亿元人民币的无偿援助，5年内将为阿富汗培训3000名各类人才，并提供500个奖学金名额。中国重申尊重阿富汗独立、主权和领土完整，支持"阿人主导、阿人所有"的和平与和解

中国为"亚洲之心"注入活力

进程的立场。中方呼吁阿富汗各政治派别摒弃前嫌，参与到政治和解进程中来。呼吁国际社会在相互尊重的基础上支持阿富汗重建，创造一个和平的国际环境。

阿富汗遭受了30多年的战乱之苦，和平重建任务艰巨。1989年苏联撤军后，阿富汗在挣扎中自食其力。之后的10年内讧和军阀争霸使阿富汗局势更加恶劣。曾经参与打败苏联人的阿富汗盟军摇身变成了"基地"组织恐怖分子，他们给整个世界带来威胁，最终导致了"9·11"恐怖事件的发生。阿富汗及其地区处于恐怖主义袭击和派系冲突的蹂躏下。显而易见，西方国家没能控制和消除恐怖主义，恐怖袭击的威胁继续存在，2014年标志着西方国家对阿富汗政策和战略的终结。阿富汗和平重建的领导权现在转入中国领导的东方国家之手，北京宣言——"深化地区合作，促进阿富汗及地区持久安全与繁荣"将引导由阿富汗及其远近邻邦参与的更大范围里的政治磋商，各方将共同执行伊斯坦布尔进程所确定目标，采取有效措施，在尊重阿富汗的基础上，为寻求在更大程度上整合各地区进程中的凝聚力作出贡献。

"一国两制"

《南亚杂志》2014 年 11 月

    2014 年 9 月 28 日，香港发生游行示威活动，导致商业运行停滞。示威活动的发起者是香港学联、学民思潮，示威参加者主要由本地中学生组成，这场扰乱社会秩序的非法集会活动称作"占领中环"（简称"占中"）。集会活动影响了香港商业中心的交通，导致一些学校和银行关闭，恒生指数基准暴跌，严重损害了香港经济发展，破坏了其国际声誉。香港普通民众的生活受到严重影响，"占中"行为引起广泛民愤。西方媒体过分报道了此次抗议活动，将其与"天安门事件"相提并论。

    集会者提出选举改革的要求，起因于 8 月 31 日中国第十二届全国人民代表大会常务委员会第十次会议通过的《关于香港特别行政区行政长官普选问题的决定》；根据此决定，从 2017 年起，香港特别行政区行政长官选举可以实行由普选产生的办法。普选时必须组成一个有广泛代表性的提名委员会，提名委员会提名产生行政长官候选人。

    香港是连着中国大陆的一个小岛，由多个渔村组成，历史上曾流行疟疾和其他瘟疫。香港从一个小岛发展到今天的国际大都市，经历了漫长的发展。1842 年，中国清政府在第一次鸦片战争中一败涂地，被迫将香港割让给英国。第二次世界大战期间，日本占领香港。在日本占领的三年中，他们烧杀抢掠，强暴当地居民，无恶不作。盟军打败日本后，香港返归由英国辖制。1997 年 7 月 1 日，在 99 年租赁到期后，香港最

"一国两制"

终回归祖国。

英国人统治期间，在香港建立了金融和商业中心，使之成为贸易和商业中心。具有讽刺意味的是，以追求民主而自豪的英国却成为中国民主制实践的最大批评家；在英国人统治香港的150年里，从未举行过选举。香港与其他殖民地一样均由英国总督管控。

全国人民代表大会通过的《中华人民共和国香港特别行政区基本法》是香港的宪法性文件，赋予香港高度自治。"港人治港"是香港治理的基本原则，香港最高行政长官由一个1200人组成的选举委员会选出，这些委员全部是香港本地学界和商界的爱国人士，他们也通过选举产生。

全国人民代表大会的决议与香港基本法保持一致，是在充分考虑香港社会各界的有关意见和建议的基础上通过的。这里有两点需要重申。其一，香港的民主原则是中国的内政，外部力量不应对其加以干涉。其二，中国的选举遵循间接民主制做法，因其不同于西方的政府选举形式，而成为西方国家嘲弄的话柄。

现代中国经济转型之父、中国政治家邓小平提出了"一国两制"的理论。据此，在一个中国主权的前提下，中国大陆坚持社会主义制度，香港和其他地区继续实行原有的资本主义制度，以保证这些地方的经济稳步发展。"一个国家"是指中华人民共和国，香港特别行政区是中国不可分割的一部分和一个地方自治区，它直属中国中央政府管辖。中国中央政府享有对其所有地方行政区的全面司法权，也包括香港特别行政区。

需要明确的是，人们需要消除一个误解或错误认识，需要明确牢记，香港特别行政区的高度自治权不是其固有的权利，而是来自中央政府的授权；换言之，香港特别行政区的"高度自治"不是"完全自治"，也不是一个去中央化的权力，而是一个中国中央政府赋予香港的地方事务治理权。这种自治基于中央政府授权的层次，不可与"剩余权力"概念混淆。中华人民共和国宪法明确规定，中国是一个社会主义国家。宪法也明确规定了"一个国家"的领导权和指导思想。"一个国家"的核心是，维持中国的主权、安全和发展利益，尊重国家的主体社会制度与其他制度和原则。

在关于香港骚乱问题上，中国耐心地忍受了来自多方的各种嘲弄，但是并没有屈从于那些违背良心的示威者的要求，其中就包括"占中"非法集会活动。中国一定能经受住这次考验。首先，中国政府看清了这次非法集会活动不代表香港多数民众的要求；其次，中国政府意识到，各种国外宣传是拖滞中国经济向好发展的阴谋伎俩。

在2008—2009年的经济滑坡中，世界主要经济体处于崩溃边缘，但中国因采取了慎重的经济政策，不仅保证了其经济的稳定，而且继续呈上升趋势。中国成为世界第二大经济体，同时，还在扶助美国等摇摇欲坠的西方经济体。西方世界感到了来自中国人民币的威胁，西方各国政府拉响了警钟。中国通过建立人民币进入国际货币基金组织的特别提款权——用于全球官方融资的综合储备货币的一部分，正在努力竞标进入全球金融核心地位。这将使人民币最终挑战美元霸权，并在世界贸易、投资和资本流动中发挥支点作用。对西方国家的金融精英和政要而言，中国的发展并不能给他们带来什么安慰。

为了进一步援助那些深受国际货币基金组织和世界银行严格的金融贷款条件之苦的发展中国家，中国推动金砖成员（巴西、俄罗斯、印度、中国和南非）建立一个独立的国际组织，以便鼓励成员国之间的商业、政治和文化合作。中国还为此寻求伊斯兰国家的支持。2014年7月15日，在巴西福塔雷萨（Fortaleza）举办的金砖国家的第六次峰会上，宣布成立了金砖国家发展银行，启动货币储备超过1000亿美元。其中

"一国两制"

中国出资 410 亿美元，巴西、印度、俄罗斯各出资 180 亿美元，南非出资 50 亿美元。

众所周知，忽视所谓的阴谋论远非易事，特别是当中国经济正在赶超其竞争对手之时，更是如此。西藏、新疆和目前的香港正在经历各种混乱，尽管乍看起来，中国各地发生的骚乱之间可能没有联系，但实际上，发生在中国边疆地区的"颜色革命"是人为的和精心策划的，或许是要阻止中国的快速崛起。西藏和新疆骚乱分子一直酝酿分离，中央政府对两地的非法暴力行径严厉镇压。同时，国家在两个自治区投入了数百亿人民币，用于各类发展和振兴工程。香港与新疆和西藏一样，均为中华人民共和国不可分割的一部分，虽然香港享有高度自治特权，但香港问题是中国的内部事务，必须在中央政府指导下慎重处理。

水灾管控

《每日时报》2014 年 9 月 16 日

旁遮普省素有"巴基斯坦的谷仓"之称,日前正遭受特大洪涝灾害。为了保护城市人口中心,不得不炸毁堤坝,导致 40 多万英亩农田被淹,300 多个村庄被冲毁。

这一年,在恐怖袭击威胁、持续断电、经济疲软及伊斯兰堡政治动荡局势的反弹等社会和政治危机之外,巴基斯坦又被洪水灾害所困。

现在的问题是,巴基斯坦为何没能控制住这场洪水?

1947 年印巴分治后,巴基斯坦作为一个处于印度河下游的国家,意识到由于印度在上游的控制,巴国将会面对水源匮缺危机。于是,在世界银行的协助下,经过近 10 年的谈判交涉,巴基斯坦和印度最终在 1960 年签署了《印度河水条约》,分配印度河流域的水力资源。该条约把印度河东部的三条支流——拉维河、苏特拉吉河、毕思河的绝对使用权授权给了印度,巴基斯坦获得印度河流域仅仅 75% 的合法水源使用权。此外,巴基斯坦同意着手启动建设一个巨大工程——印度河流域修复工程,包括建 2 个重要大坝、5 个拦河坝和 8 条连接渠。

20 世纪 60—70 年代,印度河流域修复工程相关工作进展顺利,在曼格拉(Mangla)和塔尔贝拉(Tarbela)附近修了几个堤坝,但除此之外,没有修建更多的堤坝和水库,也没有根据河水供应状况,修建保障持续性灌溉的有效支流处理灌溉系统。缺乏支流处理系统引发了水淹和

水灾管控

土地盐碱化两个问题,同时,缺少堤堰和大型水库等储水设施又使上述问题复杂化。而实际情况是,在良好规划的前提下,印度河的水力发电本来应该可以满足巴基斯坦日益增加的能源需求,水库和有效的灌溉系统应该能够保障水源的适当分配与洪水的有效控制。

而在另一方,印度修建了3200个水坝,控制了巴基斯坦水流的"静脉"。印度人根据需求控制上游河水,需要灌溉时,打开水库;而暴雨期间也开闸放流过剩的雨水,从而加重了相关区域的洪涝程度。

巴基斯坦历届政府一直疏于处理水源、能源和粮食等核心问题,这些算得上是一种刑事罪——治理过失,因为这些是国民的生命线。重要的是,造成这种过失的原因是,他们对自身政治利益过分计较,影响了合理决策的制定。巴基斯坦历届政府对印度的水利建设计划熟视无睹,没有采取适当的措施。印度一方最佳分配和利用有限水源的做法,给巴基斯坦带来的是毁灭和损失,这本是巴基斯坦应该避免的。

就在上个星期,本人有幸参观了修建于公元前256年的都江堰灌溉设施。岷江长735公里,位于中国四川省境内,是长江的一条支流,在古代常常因季节性洪水而泛滥。秦国蜀郡太守李冰立志解决这个问题。他发现当地高山上的积雪融化成的急流引发河水水位上涨,当水流缓慢下来时,就冲破河堤,并形成严重淤积河段。为了不影响岷江上的航行,李冰没有采用修水坝的方法,而是修建了一个人工堤坝,把一段河流改道,开凿了一个穿过玉垒山的河渠,把多余的河水引流到干燥的成都平原,将其变成肥沃之田。在没有爆破方式(当时还没有发明出来)的情况下,穿山凿渠;在缺少建筑材料的情况下,修建人工堤坝。这项工程成功完成于2000多年前,简直不可思议!都江堰控制住了洪水泛滥,直至今日它仍在灌溉着5300平方公里的农田,在把四川省变成中国的农业大省的过程中贡献着力量。

中国故事：改革开放四十年成功转型之路

在习近平主席访问巴基斯坦前夕，中国政府邀请外国资深新闻记者代表团参观了都江堰，这是中国实施其无声外交政策的做法。都江堰是古代中国人创造的一个奇迹，它曾经让人们的生活发生了翻天覆地的变化，是一项成效显著的古代水利枢纽工程。中国政府给巴基斯坦人传递出一个信息：作为久经考验的朋友，中国愿意与巴基斯坦分享自己修建水利工程的经验和其他相关技术。迄今为止，中国已建成或在建的高度超过38米的水库8万座、堤坝4800多个，是世界大坝建造的领先者，排在其后的依次是土耳其和日本。

由于巴基斯坦国内的政治斗争，其决策者们失去了中国领导人对巴基斯坦的一次重要访问。显然，中国领导人的访问可以被重新安排，因为中国是我们的全天候朋友。然而，我们应该意识到学习中国的经验，尽早遏制洪水，将有助于拯救生命，提升巴基斯坦旅游业的发展潜力，提高巴基斯坦百姓的生活质量。

错失良机的代价

《每日时报》2014 年 9 月 9 日

习近平担任中国国家主席之后的首次南亚之行计划安排在 2014 年，据此，习主席将在访问新德里和科伦坡之后，到达伊斯兰堡。这将是习近平主席对巴基斯坦的首次访问。习近平的斯里兰卡之行也是第一次。习主席的南亚之行是推进中国"21 世纪海上丝绸之路"倡议和其他重要工程的组成部分。

依照中国外交的传统做法，高层领导人的出访行程通常是不公开的。虽然习近平的巴基斯坦访问计划没有正式公布，但是，中国外交部邀请了相关国家的资深新闻记者到北京做简报，包括笔者在内的四位记者来自巴基斯坦，三位来自斯里兰卡，印度记者稍晚些被邀请到北京。

中国外交部长助理刘建超向来京记者团简要介绍了习近平主席的预期访问，但没有确定具体日期。他重点介绍了中国与巴基斯坦和斯里兰卡合作领域的情况。我们注意到，中国不仅继续保持与巴基斯坦高层领导的往来，不加附带条件地帮助巴基斯坦，而且继续在巴的投资工程，目的是提升巴基斯坦的社会经济水平。

刘建超透露，中国国家主席习近平将在访问期间与巴基斯坦领导人就进一步拓展双边合作进行详细讨论。预计目标是 25 个主要工程，覆盖能源、水利建设、科技发展和交通基础设施建设，特别是中巴共同倡议、规划和实施的中巴经济走廊工程。预计将签署几个新协议，并审查已签工程协议的进展情况。

有记者问到关于中国在巴基斯坦合作工程的安全威胁问题，以及既得利益者阻挠"早期收获"工程和长期开发工程建设的可能性。刘建超明确回复，没有任何势力可以阻挡中巴共同的发展与进步。他强调两国关系有坚实基础，重申中国不仅将坚定地支持巴基斯坦各领域的发展，而且希望向巴基斯坦政府和人民传达一个明确信息，即中国将与巴基斯坦携手努力建设一个强大、稳定和繁荣的巴基斯坦，中巴双方的高度互信将挫败任何反动势力的邪恶阴谋。

新闻发布之外，在访的媒体代表们还获得参观相关工程规划和建设与投资单位的机会，我们参观考察了中国港湾工程有限责任公司（CHEC，瓜达尔深水港第一期的承建单位）、中国东方电气集团有限公司（DEC，加兹巴洛塔水电站和南迪普尔发电站等多个重大工程的承建单位）等工程建设单位。此外，还参观了中国进出口银行，该行已经以优惠贷款和出口信贷形式在巴基斯坦投资 36 亿美元，还准备与巴基斯坦相关机构签订新的框架协议，计划在未来的发展工程中投资数百亿美元，尤其是能源部门和中巴经济走廊相关工程。

当媒体代表团还在中国逗留期间，我们就得到消息，因为伊斯兰堡的安全局势，习近平出访巴基斯坦的行程将被推迟。当时伊斯兰堡街头由反对党派组织的抗议集会和静坐活动已经持续了三周。非常遗憾的是，中国国家领导人出访的推迟却又反过来成了伊斯兰堡执政党政府与领导抗议运动的反对党双方相互指责的借口。国家安全和外交事务总理顾问和财政部部长在国会联席会议上称，习近平主席访问巴基斯坦行程的取消致使巴基斯坦失去了 350 亿美元的投资。

然而，中巴关系并没有因为中国领导人此次访问的取消或推迟而受到影响。中国政府与巴基斯坦国内的政党之争没有关系。中国与巴基斯坦人民的关系是久经考验和根深蒂固的。中国政府表明，一旦伊斯兰堡的政治气候适合接待外国政要，中国领导人将到访巴基斯坦。

作者与外交部长助理刘建超合影

巴基斯坦和斯里兰卡新闻记者与外交部长助理刘建超合影

然而，岁月不等人。我们必须意识到，中国崛起的工业刺激了其对更多投资渠道的兴趣，中国急于带领南亚和其他亚洲邻国一同走上经济发展之路。印度是一个非常大的市场，尽管过去中印两国关系紧张，尽

中国故事：改革开放四十年成功转型之路

管印度敌视中国，但是仍然邀请中国在该国多地建立工业园，中国在印度的年投资预计达350亿美元。比如，一个中国代表团到印度多个地方考察后，准备建立生产、销售和出口一体化的工业园区。中国在印度现有年投资11亿美元，主要在古吉拉特邦，这里是印度总理纳伦德拉·莫迪的故乡，莫迪在担任该邦首席部长期间曾经四次到中国访问和考察。今年7月在巴西召开的金砖国家峰会上，习近平和莫迪曾达成个人共识。现在，日本宣布了未来5年将在印度投资350亿美元的计划，观察家们认为，日本的计划很有可能将刺激中国扩展其在印度的投资。除工业园之外，中国-印度对话集中关注的另一个投资热点是印度铁路的升级改造。在莫迪最近一次的日本之行期间，接受了日本修建孟买-艾哈迈达巴德高铁线路（Mumbai-Ahmedabad）的提议。根据来自印度的报道，中国对在印度修建高速铁路也非常感兴趣，中国官员还称，中国的高铁建设造价低于日本。

印度也在为其IT服务产业寻求更大的准入和便利，也在敦促扩大药物市场准入。印度在纺织品出口领域获得巨大进展，特别是棉纱的出口已超过40亿美元。同时，印度正在敦促中国扩大对印度服装的市场准入。

有一件事引起了巴基斯坦方面的担心，中国在早些时候曾拒绝给驻扎印控克什米尔地区的印度军官签出旅游签证，而最近中国却接待了这类军官。中国-印度的联合军事演习也在计划和实施中。中印关系显然有所改善。印度不仅给西藏分裂主义者达赖喇嘛提供政治避难，而且还曾利用这位分离主义的精神首领在很多场合让中国难堪。在过去，中国拒绝给印度政府官员和游客签发西藏旅游签证，因为印度不承认西藏是中国不可分割的一部分，并且支持藏独分子。最近，西藏却对印度游客开放了。

错失良机的代价

中国对印度或者任何其他国家的友好姿态绝对不是以牺牲其与巴基斯坦的密切关系为代价的。然而,巴基斯坦政治家们需要感知和把握周边局势变化的态势。

我们相信,中国一定会履行其推进巴基斯坦社会进步的承诺。我们可能暂时错过了习近平主席亲自为多个工程项目启动剪彩的仪式,也错过了中国领导人亲自推动早期工程、早期收获项目和确定长期工程的快速建设的机会,而这些对于巴基斯坦经济稳定发展至关重要。我们的政治家们是否意识到,失去的是巴基斯坦美好未来的机会呢?他们亟须做的是,消除分歧,携手应对挑战。就连中国也声明,希望我们平和地解决内部分歧。机会需要抓住,而不是浪费。让我们珍惜好朋友和祝福者希望给予我们的发展和进步机会吧。

金砖国家的出现

《每日时报》2014 年 8 月 5 日

金砖国家（BRICS）是发展中国家或新兴工业化国家的组织，成员有巴西、俄罗斯、印度、中国和南非。该联合体处于迅速增长中，占世界经济的 18%。该组织创始于 2006 年，南非在 2010 年加入后，五国一体的金砖国家联合体最终确立。

毋庸赘言，金砖国家成为与美元体制和国际货币基金组织相抗衡的力量。金砖国家宣言指出，在当今这个相互依赖和日益复杂的全球化世界，该联合体将在提高多边主义和国际合作中发挥积极作用，将致力于促进和平、安全、经济和社会进步与可持续发展。有趣的是，每个成员国都代表一种具有世界意义的既特殊又十分重要的文明。

显而易见，美国经济的下滑清楚地表明，洛克菲勒家族和罗斯柴尔德家族建立的金融帝国摇摇欲坠。但是，某些选择摆脱美元控制的国家却付出了惨重的代价。萨达姆·侯赛因禁止在包括石油贸易的伊拉克经济中使用美元流通，所以，他的政权被推翻，他个人被施以绞刑，他的国家变成废墟。奥马尔·穆阿迈尔·卡扎菲在利比亚石油和天然气交易中开始使用由黄金支撑的阿拉伯货币来替代美元，所以，他被残杀，他的祖国变成了动乱的温床。德黑兰计划将美元支付逐出伊朗经济体，于是，伊朗遭到恐吓、挑战和警告，计划不得不被搁置。

由上所见，金砖国家建立一个独立国际组织的时机成熟了。该组织

金砖国家的出现

旨在鼓励其成员国之间的商业、政治和文化合作,也向伊斯兰国家伸出了橄榄枝。2013年3月,金砖国家在南非德班第五届峰会上,成员国达成一致,创建一个与西方主导的国际货币基金组织和世界银行相抗衡的全球金融机制。2013年9月,在金砖国家领导人圣彼得堡会议上启动金砖外汇储备池筹建工作,中国投入410亿美元,巴西、印度和俄罗斯各出资180亿美元,南非出资50亿美元。2014年7月15日,在巴西福塔雷萨,金砖国家签署了期盼已久的《福塔雷萨宣言》,宣布成立了初始资金1000亿美元的金砖开发银行和同样数额的货币储备池。同时,成员国之间还签订了"出口信贷机构"和"创新合作协议"等文件。

持怀疑态度的前世界银行行长罗伯特·佐利克(Robert Zoellick)曾表示,金砖开发银行不可能启动运行,因为成员国之间存在利害冲突。然而,金砖银行现在成为现实。也有评论家预测,俄罗斯和中国的竞争将导致受托人破产。不过,他们忽视了一点,只要大致浏览一下金砖国家的基本情况,就会了解这样的顾虑是多余的。

金砖国家的首要任务是资助发展中国家的开发和基础设施建设。该组织将提供成员国改善基础设施的资源,并在发生全球金融危机期间,作为提供借贷服务的金融机制。金砖国家组织的自信源自其成员国整体的自然资源储藏,这有别于美国和欧洲。金砖国家的自然资源,包括碳氢燃料、粮食、移动水源和电力,不仅足以保证各自经济体的运行,而且足以保持强劲的经济增长。金砖国家间的贸易将使用自己的货币,从而摆脱美元的影响,并避免因欧元或美元危机而可能引发的负面影响。这就增加了金砖国家创建特别储备货币的可能性,该货币有可能成为国际货币基金组织特别提款权的竞争对手,并将有可能在某一时间成为地区通货。

金砖国家的影响必定会在当今全球地缘政治变动中反映出来。金融

中国故事：改革开放四十年成功转型之路

和军事力量支撑下的当代单极世界秩序带来了全球范围的冲突。金砖国家的出现将提供另一种世界秩序，它追求的是全球和区域问题的务实性解决。单极世界秩序曾想方设法获得或者控制发展中国家有限的能源和资源。取代目前的这个单极世界秩序将产生多方面的积极后果，诸如通过集体商议处理核心问题、提高自然资源利用的现代化、改善消费者的消费观等。

印度尼西亚和土耳其是金砖国家正式成员的候选国，阿根廷、埃及、伊朗、尼日利亚和叙利亚也渴望加入金砖国家组织。巴基斯坦的经济发展势头还不够强劲，抑或缺少丰富的能源资源，但是，巴基斯坦占据重要的地理战略位置，这可能是我们的一个优势。因此，我们应该努力争取成为金砖组织的成员。

中国发展之日新月异

《每日时报》2014年5月27日

  中华人民共和国的发展经历了坐过山车穿越般的历程。作为世界最古老文明之一，中国一直追求发展和进步。早在数千年前春秋战国的百家争鸣时期之前，中国人就发明了汉字，这是大智慧时代的智力成就。在那个时代，中国还出现了著名的思想家老子、孔子、墨子，他们探索了从宇宙到地球、从人际关系到自然联系等各种各样的问题，推动中国取得更大进步。

  遗憾的是，在18世纪和19世纪，目光短浅和愚昧自大的封建统治者锁闭了中国的大门，致使中国沦陷为一个半殖民和半封建社会。频繁的外敌入侵引发严重的社会骚动和人民的穷困潦倒。几百年的动荡激发了中国人民的觉醒，他们要求砸碎奴役制枷锁，自己当家做主。

  长期的被奴役和被压迫在中国人民的心灵上留下了抹不掉的伤痕，他们珍惜来之不易的自由，更追求和平、不干涉他国内政与不容忍他国干涉中国内部事务的政策。

  中国的发展历程中既有成功，也有过失。中国的"改革开放"是在邓小平领导下开始实行的，邓小平制定了长远的现代主义经济政策，开辟了建设中国特色社会主义的新道路，聚焦建设社会主义市场经济、民主、先进文化、和谐社会和生态文明，促进人的全面发展，追求和平发展，逐步实现全体人民共同富裕，建设社会主义现代化强国。

  必须看到，在努力实现上述崇高目标的道路上，中国释放出了一个

中国故事：改革开放四十年成功转型之路

信号，它愿意在西方和东方之间搭建桥梁，欢迎所有国家一同走上发展和繁荣之路。同时，中国也没有忘记自己国家还有2亿多人生活在世界银行规定的贫困线之下。

在担任中国国家主席的第一年里，习近平出访了中国的邻邦、欧洲联盟和美国。习主席深知中国的改革进入了深水区，需要解决的问题都是难啃的硬骨头；尽管如此，他表示下定决心推动改革继续向前。他引用中国的一个谚语解释说，这个时候需要"明知山有虎，偏向虎山行"的勇气，不断把改革向前推进。习近平强调，推进改革的原则是胆子要大，步子要稳。随着中国全面深化改革，中国将继续发生深刻变化，这不仅将为中国现代化建设提供强大推动力量，而且将为世界带来新的发展机遇。

中国共产党第十八届中央委员会第三次全体会议做出了"全面深化改革"的战略决定，改革覆盖15个领域，分330个执行步骤。13亿中国人奋斗在实现中华民族伟大复兴的"中国梦"的道路上。中国在追寻自己梦想的同时，也努力带领世界其他国家一起实现各自的梦想，努力整合各方力量一起重振遭受2008年经济危机严重打击的世界经济。习近平主席始终坚持"智者求同，愚者求异"的国际合作原则。

指导中国崛起的是理性和务实的顶层设计，以严格遵循明确的时间表和路线图的方式执行和实施。中国的国防预算曾经受到外国媒体的负面评议，对此，习近平主席阐述道，中国的国防预算是符合中国这样一个大国国防建设正当需要的。中国绝不走"国强必霸"的道路，但中国再也不能重复鸦片战争以后在列强坚船利炮下被奴役和被殖民的历史悲剧。因此，中国必须有足以自卫防御的国防力量。

基于"朋友可以选择，邻居必须共处"的事实，中国对其邻邦一贯采取"以邻为善、以邻为伴"政策，遵循"亲、诚、惠、容"的睦邻外交理念。这正是中国不断崛起的根本所在。

新疆的扶贫机制

《每日时报》2014 年 5 月 15 日

"五一"前夜,就在习近平主席结束其新疆之行数个小时后,极端主义分子在乌鲁木齐火车站制造了暴力袭击,中国新疆再次成为极端主义分子的袭击目标。爆炸造成 3 人死亡,79 人受伤。袭击事件发生后,习近平主席下令采取"强硬行动",严厉打击暴乱分子。早些时候,3 月 1 日,恐怖分子袭击了云南省会昆明火车站的旅客,歹徒持械砍杀,致使 33 人死亡,143 人受伤。2013 年 10 月 28 日,北京天安门广场发生恐怖分子自杀袭击事件,这是首次在北京发生的恐怖袭击。实施袭击的车辆里的 3 人和附近 2 名游客(一名菲律宾人和一名来自广东的中国人)全部死亡。一些他国媒体把这些暴力事件描绘成民族冲突的结果,但中国政府却找到了正确的问题所在。中国领导层得出结论,新疆经济发展水平不高,既得利益集团利用这一点来达到他们自身的目的。

新疆土地面积 166 万平方公里,人口 2260 万。维吾尔族大概占总人口的 40%,汉族人也占 40% 左右。在新疆启动提高少数民族生活水平的工程之前,习近平主席发出严正警告,反暴力恐怖斗争一刻也不能放松,必须采取果断和强硬措施,坚决把暴力恐怖分子的嚣张气焰打下去。必须深刻认识新疆分裂和反分裂斗争的长期性、复杂性、尖锐性。同时,习近平指示,要做好社会局势的稳控工作,切实保障各族群众生命财产安全,并保证人们正常的工作和生活。

中国故事：改革开放四十年成功转型之路

2014年，新疆维吾尔自治区政府贫穷家庭的补贴增加了6.6%，总额为41.6亿元（约合6.76亿美元）。作为提高人民生活标准的重大工程，自治区政府专门划出23亿元和18亿元，分别用于城市和乡村贫困家庭的生活补贴。新疆享有生活补贴的城镇居民86万，乡村居民130万。每个城镇居民家庭每月补贴277元，每个乡村家庭每月补贴129元。2013年，自治区政府划拨了39亿元作为贫穷家庭的最低生活补贴；城镇居民家庭月补贴总额约46美元，乡村家庭月补贴总额约22美元。

上述暴力袭击事件是"东突伊斯兰运动"（简称"东伊运"）分离主义分子所为。1993年，两名和田本地人组建了此分裂组织，不过它仅存在了几个月。1997年，艾山·买合苏本（Hasan Mahsum）和阿不都卡德尔·亚甫泉（Abudukadir Yapuquan）重组"东伊运"。1998年，当时控制阿富汗的塔利班承诺保护该恐怖组织，于是，买合苏本把"东伊运"的总部迁移到了喀布尔。在喀布尔，"东伊运"首领们目睹了"基地"组织的运行，并与奥萨马·本·拉登以及塔利班和"乌兹别克斯坦伊斯兰运动"（简称"东伊运"）首领等见面，还取得了这些恐怖分子和组织的配合。也就在这个时候，"东伊运"恐怖组织名称中的"东"字去掉了，扩大了它的恐怖力量范围。美国领导的联合军事力量入侵阿富汗，轰炸"基地"组织在阿富汗和巴基斯坦边境山区的多处根据地，其间"东伊运"头子艾山·买合苏本被炸死，该恐怖组织的基础设施也遭到严重破坏。

报道称，美国入侵伊拉克激怒了"基地"组织及其盟友，"东伊运"死灰复燃。有消息称，"东伊运"扩大了其攻击目标，比如美国驻吉尔吉斯斯坦大使馆被纳入袭击对象之列。美国国务院将"东伊运"列入恐怖组织名单。美国的报复行动严重打击了"东伊运"的气势，因为它失去了许多西方国家组织机构的同情，这些西方国家和组织曾经以保护人权为名,支持该恐怖组织反对中国。尽管如此,"东伊运"在2006年播放了号召重新发动圣战的视频,并利用2008年北京夏季奥运会之机,故意获取公众对其袭击活动的关注。据说,"东伊运"曾与塔利班和"基地"组织结盟,并得到西方国家富人支持者的资助。

令人欣慰的是,维吾尔族年轻人拒绝加入"东伊运",他们全力支持中国政府及其在新疆实施的脱贫攻击项目。

日本首相痛伤中国人感情

《巴基斯坦观察者》2014年1月3日

日本首相安倍晋三完全无视国际社会的感情，于上周公然参拜供奉有第二次世界大战甲级战犯的靖国神社。中国国务委员杨洁篪认为，日本首相安倍晋三冒天下之大不韪，悍然参拜了供奉有第二次世界大战甲级战犯的靖国神社，这是对曾经遭受日本军国主义侵略和殖民统治的各国人民感情的肆意伤害，是对全世界爱好和平人民的公然挑衅，是对历史正义和人类良知的严重践踏，是对世界反法西斯战争胜利成果和以联合国宪章为基础的战后国际秩序的狂妄挑战。安倍的倒行逆施理所当然遭到了中国政府和人民以及国际社会的强烈反对和严厉谴责。

呼应所有曾在第二次世界大战期间遭受日本侵略者占领和暴行的国家和人民的情感，杨洁篪指出，靖国神社问题的实质是日本政府能否正确认识和深刻反省日本军国主义对外侵略和殖民统治历史。安倍身为日本首相参拜靖国神社，这绝不是日本的内政，更不是什么个人问题，而是关乎侵略与反侵略、正义与邪恶、光明与黑暗的大是大非问题，是关乎日本领导人是否遵守《联合国宪章》宗旨和原则、走和平发展道路的根本方向问题，是关乎日本同亚洲邻国和国际社会关系政治基础的重大原则问题。

安倍的所作所为正在将日本推向一条损害各国人民和日本人民根本利益的危险道路。杨洁篪强调，中国人民不可侮，亚洲人民和世界人民

日本首相痛伤中国人感情

不可欺。他指出，安倍必须承认错误，纠正错误，必须采取实际行动消除其严重错误的恶劣影响。我们奉劝安倍打消任何幻想，改弦易辙，否则必将进一步失信于亚洲邻国和国际社会，在历史舞台上成为一个彻底的失败者。

靖国神社位于日本东京都千代田区，由明治皇帝创建，为了纪念明治维新年代在日本帝国建设中死去的人们。靖国神社建立以来的数百年中，神社创建时的本意及其用处发生了诸多变化。目前神社里供奉着244.6万名死者，他们是在从1867年戊辰战争到第二次世界大战中死亡的军人及其家属。

日本政府将第二次世界大战中那些对亚洲受害者犯下了十恶不赦大罪的战犯（包括14名甲级战犯）供奉于靖国神社，还篡改其教科书里关于侵略中国战争的内容，从而引起与中国和韩国的政治关系紧张。包括首相在内的多名日本高级政府官员参拜靖国神社一事，进一步恶化了中日关系。

日本领导人参拜靖国神社，本质上是企图漂白日本军国主义侵略行径和殖民主义历史，推翻国际社会对日本军国主义者的公正审判，挑战第二次世界大战后的国际秩序。

自从去年日本上演"购买"钓鱼岛闹剧以来，中日关系处于持续紧张中。最近，日本蓄意叫嚣所谓军事和安全领域的"中国威胁论"，目的是损害中国的安全利益。日本政府不但不收敛自己的行为，反而就历史问题故意制造严重事端，在改善和发展中日关系上制造新的重大政治障碍，日方必须为此举造成的严重后果承担全部责任。

在过去的7年中，没有日本首相参拜过靖国神社；但是，安倍却选择在中日就钓鱼岛争端陷入辩论的时候参拜靖国神社。这不能不让人感觉奇怪。在一份官方声明中，安倍为自己的行为辩解说，他参拜神社是

中国故事：改革开放四十年成功转型之路

为了"向战死的灵魂们报告其执政一年来的情况，并表达日本永不再战的决意，主观上没有伤害中国人民和韩国人民情感的想法。"安倍还试图通过《日本时报》(The Japan Times)为其参拜做辩解："根据日本法律，供奉在靖国神社的14名甲级战犯不是战争罪犯，但是，日本为了成为一个独立国家，不得不接受东京法庭的审判结果。"安倍在日本下院重申，因为战死者的亲属接受战争抚恤金，其中一位——战时外务大臣重光葵还获得了战后政府颁发的一等奖。所以，"根据日本国内法律，他们不是战犯"。1946年5月到1948年11月期间，由盟军主持的国际军事法庭将28名政要和军事首领判为甲级战犯，其中的14名现在供奉于东京的靖国神社。安培进一步辩解，国际军事法庭的审判基于他们犯了破坏和平和危害人类安全之罪，日本接受盟国在战后执行的这个裁决，但是，日本国内没有这条法规。

公平地说，日本首相本应避免在这些敏感时刻重温旧伤，应该照顾其邻国人民的情感，而不是过分寻求来自国内的解释。

解读中国之行

《国家报》2013年7月17日

巴基斯坦媒体称纳瓦兹·谢里夫总理为期6天的中国访问为"成功之行"。在总理出访前，巴国媒体展开宣传攻势，普遍声称总理出访中国将十分有助于解决巴基斯坦的能源危机和改善巴国的经济萎缩状况。与国民的呼声相应，谢里夫本人也极力渲染其就职后的首次出访。巴基斯坦总理出访之前的6个星期，中国国家总理李克强对巴基斯坦进行了历史性访问，加强经济合作是李克强访巴的亮点议题。

与之前巴基斯坦国家领导人的出访不同，此次巴国总理出访中国之前做了大量的准备工作。制定了时间框架内的具体后续行动和快速执行的"体制内机制"，建立中巴双方特别工作组，以保证中巴经济走廊工程的及时规划和执行；巴基斯坦政府决定在总理府内设立中国处（China Cell），以监督和推进走廊工程相关工作。所有这些都将可能保证所规划项目的完成。

建设从瓜达尔到喀什的中巴经济走廊和能源工程是关系到巴基斯坦生存和发展的大工程，不少巴媒体称其为巴基斯坦的"生命线"。大众交通网络是巴基斯坦人的急需，但是由于其建设成本过高，因此应该考虑再三。特快列车在巴基斯坦无法实现，地下铁路系统可以考虑尝试先在卡拉奇修建，地铁巴士可以尝试在主要的大城市建设。实际上，巴基斯坦亟须改建和升级其现有的铁路系统，提高运行效率。

中国故事：改革开放四十年成功转型之路

中国企业在巴基斯坦开发工业、修建公路或铁路交通基础设施、投资俾路支省的矿业开发，这些均将刺激巴基斯坦脆弱的经济发展。由北京和伊斯兰堡共同投入资金，创建中国-巴基斯坦联合投资基金的提议，对中巴双方均有裨益。中国的投资可以是软贷款形式，可以由俾路支省和塔尔的独家采矿权与瓜达尔港口运行权来抵消。

一些分析家建议，建立由巴基斯坦总理谢里夫领导的中巴经济合作协会，每三个月召集一次，监督重振经济和能源生产的各项倡议的实施进展。没有这样的监察机构，新近签署的各项备忘录将被压在先前签订的一摞摞备忘录下，成为废纸一张。

阻碍中巴合作备忘录实施和执行的因素不止一个，比如，巴基斯坦的官僚体制、在巴中国工程人员的安全问题、俾路支省和吉尔吉特巴尔蒂斯坦的安全局势，等等。现在，有确凿证据表明，印度不仅在俾路支省和吉尔吉特巴尔蒂斯坦挑拨是非，而且还密谋策划了2008年孟买恐怖袭击和2001年印度国会大厦袭击事件，这些都是为了给巴基斯坦施加压力。

鉴于上述这些，谢里夫先生还会继续对印度单方示好吗？既然总理先生自己的生存有赖于中巴经济合作，因此，建议巴基斯坦保证中巴合作的成功。否则，遭受经济打击、安全威胁和能源匮乏的巴基斯坦人民完全有可能走上街头，并推翻其政府。

巴基斯坦联邦政府应该与包括反对党和执法机构在内的各方利益相关者共同认真商谈，制定一个具体的国家安全战略，才能保障生活在这片"纯净之地"上的普通巴基斯坦人和在巴中国人的安全。① 此战略应该包括对印度人在巴基斯坦境内活动的监控和处置，比如，根据印度自身来源披露的信息，揭露印度人所制造的各种阴谋行径。

---

① "巴基斯坦"一词的意思是"纯净之地"。——译者注

解读中国之行

中国的批评者们极力阻止中国在巴基斯坦的发展,或许这是所谓"阴谋理论",然而,在我看来,在谢里夫从中国返回的前夕,关于美国海豹突击队杀死本·拉登的"阿伯塔巴德委员会报告"泄露给半岛电视台(Al Jazeera TV)一事,向世界和中国呈现了巴基斯坦糟糕的安全局势。这份报告曝光了巴基斯坦政府的"无能和疏忽",也揭露了巴基斯坦安全部门和军队的疏忽大意,他们竟然不知道奥萨马·本·拉登在阿伯塔巴德(Abbottabad)生活了数年,也没有能力制止美国海豹突击队潜入巴基斯坦;更有甚者,美国军队单方执行秘密行动,也没有受到惩罚。

既然中国预计在巴基斯坦以资本、人力和物质资源进行大规模工程投资,他们一定会对巴基斯坦执法机构的无力和低效而感到困惑。此外,7月10日巴基斯坦总统扎尔达里的首席安全官遭爆炸袭击身亡一事也释放了一个确定信息,即在巴基斯坦的每个人都有安全威胁,哪怕采取了严密安保措施。目前的形势要求巴基斯坦各派齐心协力开展制止恐怖主义的战争,以避免最好的计划因为努力不够和诚心不足而沦于失败。

纳瓦兹·谢里夫出访中国

《国家报》2013 年 7 月 3 日

在纳瓦兹·谢里夫第三次就任巴基斯坦总理后，便准备出访中国。值得欣赏的是，他选择北京作为就职后的首访，而没有选择利雅得——他曾经流亡生活了 8 年的沙特王国首都，或许因为他在沙特期间已经完成了伊斯兰朝觐功课，这促使他到别的地方寻求财源。实际上，促使谢里夫北京之行的是巴基斯坦局势的严重恶化，尤其是涉及在巴基斯坦的中国公民的安全问题。面对空荡的国库和停滞的经济，巴基斯坦急需启动"经济走廊"之类的快速通道发展工程。

最近发生在巴基斯坦的恐怖袭击事件，特别是加拉特（Ziarat）巴基斯坦风景区创始人被焚烧、奎达女大学生和地方医院护理人员被杀、吉尔吉特－巴尔蒂斯坦迪亚米尔（Diamir）外国游客（包括三名中国人）遇害，均给中国游客发出一个明确信号：远离巴基斯坦。

据相关报道，中国崛起为经济强国，规划和建设通往瓜达尔的经济走廊将为其提供更大动力，这些已经引起了西方国家的警觉。

也有谣传说，巴基斯坦塔利班准备发动对巴基斯坦和其境内中国人的恐怖袭击。塔利班曾经绑架高摩赞大坝（Gomal Zam）的 2 名中国工程师，其中一名因未被成功救出而遇害。2007 年夏，塔利班赞助的武装分子绑架了数名中国公民，这让中国官员非常恼火。

阿富汗塔利班通常针对阿富汗境内的国际联合阵线和阿富汗安全

纳瓦兹·谢里夫出访中国

部队,他们坚决反对把巴基斯坦作为袭击目标。与此相反,巴基斯坦塔利班则完全针对巴基斯坦政府和中国在巴基斯坦的利益。有媒体称,巴塔的行动是奉西方国家之命而为。人们也相信,在2007年12月27日谋杀贝娜齐尔·布托的正是塔利班头目贝图拉·马哈苏德(Baitullah Mehsud)。

惨无人道地杀害外国登山游客事件暴露了一个被称作"贾怒德伊哈福萨"(Janud-e-Hafsa)的新恐怖主义组织,他们是南迦帕尔巴特峰登山恐怖袭击的杀手。有资料显示,外国力量卷入了此次恐怖事件,因为该恐怖组织从阿富汗获取武器和其他援助,此次袭击事件的动机是破坏中巴关系。

形势十分严峻,巴基斯坦政府必须采取具体措施,制止针对中国人的恐怖袭击,阻止该国塔利班对中国西部恐怖主义分子的支援。有报告称,一些维吾尔人在恐怖主义大本营接受训练,这些活动是由西方国家发起的,目的是在中国新疆维吾尔自治区制造事端。

除恐怖主义威胁外,巴基斯坦面临的另一个亟待解决的问题是能源缺乏。谢里夫将邀请中国北方工业集团(NORINCO)签订在乔里斯坦和拉西姆亚尔汗建设预产能1000兆瓦的太阳能电站谅解备忘录。这不仅是巴基斯坦消除经济恢复障碍的急需,而且反映了谢里夫的多元能源开发理念。中国还将参与塔尔煤矿产能建设,由此开发基于巴基斯坦本地煤而非进口石油的发电潜能。最近,出于安全考虑,中国撤回了其在俾路支省的采矿队。其他可选性能源,比如风能、原子能和水力发电工程也被列入讨论议题。此外,国防项目也将被讨论。

谢里夫此次访华期间,除了能源行业之外,还将与中国领导人商谈连接瓜达尔与中国的公路和铁路基础设施建设,以及经济特区建设等议题。

谢里夫将在访华期间与中方确定中巴经济走廊建设协定,以及相关的安全保障问题。6月26日,计划和发展部部长艾森·伊克巴尔访华归来,带回了中国领导人的信息,即巴基斯坦一定要确保在巴中国公民的安全。在这方面,我们可以学习印度经验,建立"工业安全部队",由安全方面的精英核心专家,特别是受过专门训练的安保专业人员组成,以保护在巴基斯坦的外国游客或外国雇员的人身安全。谢里夫总理精心安排了各项任务,以便消除我们的中国朋友的担忧,以继续与中国保持友好关系,并争取他们的支持。

云南的商业创举

《巴基斯坦观察者》2013 年 6 月 14 日

云南省位于中华人民共和国的西南部，面积 39.4 万平方公里，人口 4570 万，省会昆明是该省最大城市，位于云贵高原中部，海拔 1900 米。昆明是地级市，是云南省的政治、经济、交通和文化中心，省政府所在地。昆明市有多所大学、博物馆、美术馆和其他重要的经济、文化和教育机构。云南省的多家大型企业和商业的总部均设在昆明。在第二次世界大战期间，昆明曾经是一个重要的军事中心，美国空军基地设于此，同时也是缅甸公路的运输总站。

云南的重要经济地位源于它的地理位置。云南与数个东南亚国家为邻，是中国西南的交通枢纽，通过铁路连接越南，通过公路连接缅甸和老挝。云南也是中国西南的重要贸易中心。同时，云南还拥有一些制造业，特别是铜制品；该省的化工、机械制造、纺织、造纸和水泥等工业均占重要地位。云南有近 2400 年的历史，1910 年通往河内的铁路建成，开启了其现代繁荣时期。

在此背景下，始于 1993 年的昆明交易会与过去连续举办 5 年的南亚国家商品交易会在增加中国与东南亚国家的经贸合作方面发挥了重要作用。2012 年 10 月，中国国务院批准将南亚国家商品交易会升格为中国 - 南亚博览会（简称"南博会"），每年一次在昆明举办。

首届南博会于 2013 年 6 月 6—10 日举办。开幕式非常隆重，来自多

中国故事：改革开放四十年成功转型之路

个国家的总统和总理出席，中国国务院副总理马凯和云南省省长都出席了典礼。来自南亚和东南亚国家的媒体代表团应邀参加各种相关活动。

国务院副总理致开幕词强调指出，南亚国家自然资源丰富，但是需要开发利用，惠及南亚各国。他提到巴基斯坦在经济一体化以及作为连接中东、中亚和南亚国家的经济走廊的重要通道作用。副总理特别提及中国总理李克强对南亚国家——印度和巴基斯坦的首次访问。连接云南和缅甸、孟加拉国的铁路，连接瓜达尔和喀什的公路和铁路的倡议，均是经济走廊工程名下的重要项目。

南博会旨在打造集商品贸易、服务贸易、投资合作、旅游合作和文化交流等为一体的高水平综合性展会。在南博会上，巴基斯坦共布置了170个展位，展出了木制品、家具、纺织品、时装、地毯、宝石和半宝石等多类产品。

首届南博会不仅推动货物和服务贸易，而且也促进投资合作，并举办了中国-南亚商务论坛、中国-南亚经贸论坛、智库和友好合作组织论坛等，还有各类以巩固成果为目的的场外碰头会。

参展国家的相关政府部门和商会也被邀请来宣讲各自的投资政策、投资环境和投资鼓励措施，推广他们的投资项目。在中国-南亚商务论坛上，多国首脑和参展国家领导人发表演讲，强调加强相互信任和自信。穆沙希德·侯赛因代表巴基斯坦做论坛发言。商会代表举行了直面各种挑战的务实性讨论，共商合作事项。来自中国和南亚国家的专家和学者们齐聚智库论坛，就相关议题展开交流，聚焦共同感兴趣的重点领域，为各国的交流与合作提供专业支持。中国-南亚友好合作组织论坛的主题是"携手共进，共筑友谊，合作交流，共谋发展"，提供了促进中国与南亚国家友谊的民间对话平台。

云南省政府设计的云南经济发展战略可以被归纳为实现三个目标和

云南的商业创举

建设五大支柱产业。云南省经常以其"绿色"省份和"绿色"经济而感到自豪。这就说明云南省重视生物资源的可持续发展与自然环境保护。因此，农业部门里在开发绿色有机食品方面获得很大资助，同时也鼓励人们生产传统中医药、切花和生物-化工品。

云南省的五大支柱产业是旅游、烟草、采矿和水力发电工业，如上所述，第五个要开发和改善的产业是绿色食品、园艺和生化工业。

云南人口的一个重要特点是多民族性，这里生活着25个少数民族，他们继续保持着各自的传统礼仪，但同时也已经充分融入并利用了商业机会。

云南的重大商机之一是充分利用其充足的阳光资源，发展太阳能产业。省政府制定了计划（低息贷款、免税和其他优惠或补贴），也设立了基金，刺激私人企业参与省级基于太阳能发电的基础设施开发。该基金将列入昆明市政府的年度财政预算，将特别资助LED公共照明、太阳能光伏项目和节能项目的推广。

巴基斯坦需要努力学习和效仿云南省的上述一些做法，充分利用自身的各种商机。云南的商业成功不是一个童话故事，而是一个精明的规划者及其实施计划的故事。

中国 – 南亚博览会

《国家报》2013 年 6 月 12 日

中国取得了巨大的进步和发展。在过去的 30 年里，中国一跃而成为世界第二大经济体，在未来的 10 年中，有可能赶超第一大经济体美国。中国经济规划的一个重要特点是带领邻国走共同进步之路。这是一个慷慨和谨慎的战略，因为如果中国的周边都是贫穷国家，他们可能对中国形成安全威胁，抑或成为乞讨者。如果中国的邻国可以通过各自的努力工作和平等贡献分享财富，那将是一个所有国家共赢的局面。

云南省位于中国的西南部，战略位置十分重要，是连接南亚和东南亚国家的桥梁。中国周密精明的规划使其能够受益于邻国的自然资源。中国将邻国的自然资源转变成商品，对所有利益相关者公平分配收入。在这种背景下，始于 1993 年的昆明交易会与过去 5 年里连续举办的南亚国家商品交易会在促进中国与东南亚国家的经贸合作方面扮演重要角色。

2012 年 10 月，中国国务院批准将南亚国家商品交易会升格为中国 – 南亚博览会，每年一次在昆明举办。首届南博会于 2013 年 6 月 6—10 日举办，开幕式非常隆重，多个国家的总统和总理出席，中国国务院副总理马凯和云南省省领导来到现场祝贺。国务院副总理马凯致开幕词强调指出，南亚国家自然资源丰富，但是需要开发利用，惠益南亚各国。

副总理马凯在讲话中提到巴基斯坦在经济一体化以及作为连接中东、中亚和南亚国家的经济走廊的重要通道作用。副总理马凯特别提及中国总理李克强对南亚国家——印度和巴基斯坦的首次访问。联结云南和缅甸、孟加拉国的铁路，连接瓜达尔和喀什的公路和铁路的倡议，均是经济走廊工程名下的重要项目。中国-南亚博览会旨在将其打造成为集商品贸易、服务贸易、投资合作、旅游合作和文化交流等为一体的高水平综合性展会。

在南博会上，巴基斯坦共布置了170个展位，展出了木制品、家具、纺织品、时装、地毯、宝石和半宝石等多类产品。首届中国-南亚博览会并没有局限于商品和服务的推广，而是同时举办了投资推广会，中国-南亚商务、经贸、智库和友好组织论坛等，以巩固成果。参与国有关机构和商会被邀请介绍投资政策、环境和激励措施，推广投资项目。

在中国-南亚商务论坛上，与会国家首脑和参展国家领导人发表加强相互信任和自信的主旨讲演。穆沙希德·侯赛因代表巴基斯坦做论坛发言。在中国-南亚经贸论坛上，商会代表举行了直面各种挑战的务实性讨论，共商合作事项。

来自中国和南亚国家的专家和学者们聚集在智库论坛上，就相关议题展开交流，聚焦共同感兴趣的重点领域，为各国的交流与合作提供专业支持。中国-南亚友好合作组织论坛的主题是"携手共进，共筑友谊，合作交流，共谋发展"，提供了促进中国与南亚国家友谊的民间交流对话平台。来自南亚和东南亚国家的媒体代表团应邀参加各种相关活动。除了昆明外，参展国家的新闻记者们还参观了红河、哈尼族和彝族自治州的一些农业、矿业和工业企业，这些都是精心准备和周密规划的成功案例。

巴基斯坦需要认真学习中国的一些做法。其中一个具体例子是，利用山坡开辟稻米梯田，梯田便于循环利用雨水浇灌农作物，多余的雨水被其他庄稼吸收。这样的梯田水稻种植产量大、质量高，既提高了农业产量，又为天然美景增色不少。我们对自然的开发是为了惠及所有人。

巩固中巴关系

《巴基斯坦观察者》2013 年 5 月 31 日

中国国务院李克强总理对巴基斯坦的访问持续了 48 个小时，日程安排得相当紧凑，举办了多项活动。中巴双方将此次访问描述为巩固两国全天候关系和深化友谊的访问。当李克强的专机进入巴基斯坦领空时，巴基斯坦 6 架 JF-17"雷电"战斗机全程护航。巴基斯坦空军一流的喷气战斗机是 F-16"战鹰"和 JF-17"雷电"，后者是巴基斯坦的骄傲，因为它是中国和巴基斯坦空军共同投资的合作项目。

李克强总理选择此时对巴基斯坦进行访问的意义重大。巴基斯坦刚刚完成大选，新当选的政府还没有组阁，目前由临时政府执政。与李克强访问形成鲜明对比的是，其他国家首脑避免在新政府上台之前访问巴基斯坦。中国政府领导人的访问向世界证明，中国是巴基斯坦人民的朋友，对中国政府和人民而言，谁在巴基斯坦国家的领导职位上没有区别。世界上没有第二个国家像中国这样与巴基斯坦保持如此根深蒂固的友谊。

李克强与巴基斯坦总统侯赛因和临时政府总理谢里夫进行会晤，还努力争取与候任总理谢里夫以及其他多位联席高官面谈，详细阐述中巴战略关系。

李克强总理此访的亮点之一是在巴基斯坦参议院发表感人肺腑的讲演。李克强总理首先回顾他在 27 年前率中国青年代表团访问巴基斯坦的

巩固中巴关系

经历,深感中巴友谊坚如磐石。他讲道,巴基斯坦人民是勤劳和勇敢的民族,虽历经战乱和磨难,但始终坚忍不拔,自强不息。李克强再次赞赏巴基斯坦对中国的各种支持,并强调一个事实,即中巴两国在所有艰难时刻都始终不渝地站在一起。

李克强总理高度认可巴基斯坦在积极参与地区和国际事务并致力于维护地区和世界和平稳定方面所做的贡献。他讲述了古代历史故事,其娓娓道来赢得了听众们的心。李克强总理特别讲述了中巴友好往来的历史。古丝绸之路早就把两国人民连在一起,两位著名的中国佛僧——东晋的法显与唐朝的玄奘曾先后来巴基斯坦取经讲学,他们的访问是中巴友好交往历史上的重要篇章。

李克强总理还特别指出了中巴关系牢固的关键因素,认为中巴友好关系之所以根深蒂固,是因为我们彼此尊重,坦诚相待,高度互信。这种独特关系的另一个证据是,双方的相互支持和合作是为了实现利益共赢。中国和巴基斯坦命运与共,有福同享,有难共当,情同兄弟。

李克强表示,中国人民不会忘记20世纪60年代,巴基斯坦国际航空公司率先开通中国航线,还喊出一个响亮的口号"巴航,首先来到中国",为中国提供了通往世界的"空中走廊"。

在多数国家只是建立政府间官方外交关系的情况下,中国与巴基斯坦两国人民之间却发展出深厚的友谊。李克强总理满怀深情地讲述了一个感动了13亿中国人民的真实故事。在吉尔吉特市郊有一座中国烈士陵园,安葬着为援建巴基斯坦境内喀喇昆仑公路而牺牲的140多名中国工人。多位普普通通的巴基斯坦人自愿无偿地承担起看护陵园的责任,一干就是30多年。其中一位守陵人几年前不幸病逝,他的孩子义无反顾地接过护陵的使命,当年陵园里的小树如今已长成郁郁葱葱的参天大树。我们为有巴基斯坦这样真诚的朋友而感到自豪。

中国故事：改革开放四十年成功转型之路

为进一步巩固两国关系，李克强呼吁将中巴全面战略合作提升至更高水平。他指出，国际形势正经历深刻复杂的变化，不稳定、不确定因素增多。中巴需要进一步密切合作，加强战略沟通，应对国际风云变幻和亚洲地区面临的挑战。李克强重申，中国正处在全面建成小康社会的决定性阶段，要实现经济持续健康发展和转型升级，需要释放改革红利，扩大对外开放，向西开放是我们的重大选项。巴基斯坦在中国发展同南亚、中亚和西亚国家的关系中发挥着独特的作用。

关于拓展中巴务实合作的渠道，李克强提议，双方要继续用好两国自由贸易协定，推动第二阶段第二轮中巴自贸区降税谈判，不断提升中巴经贸关系，使两国贸易规模不断扩大并在动态中实现贸易平衡。

李克强总理强调指出，中国愿与巴方一道，加快推进喀喇昆仑公路升级改造项目，并积极探索和制定中巴经济走廊远景规划，促进南亚、东亚互联互通，带动周边经济发展和民生改善，不断拉紧中巴利益纽带，为本地区国家间开展合作提供示范。中国将与巴方共同努力，以重大项目合作为契机，继续加强金融和投资合作，继续集中力量推进在基础设施建设、互联互通、海洋、能源、农业、防务等领域的合作。李克强总理此次历史性访问期间，中巴双方签署了一些合作协定。中巴关系将一如既往地持续向好发展。

中国国防白皮书

《国家报》2013年5月1日

中华人民共和国国务院新闻办公室于4月发布了国防白皮书。白皮书审视最新安全形势与新挑战和新使命，考察中国武装力量的建设和发展，阐述了维护国家主权、安全和领土完整的原则，评价了国防在国家经济和社会发展中的支援作用，分析了中国武装力量在维护世界和平与地区稳定中的角色。

中国的武装力量包括中国人民解放军和中国人民武装警察部队和民兵。中国人民解放军由陆军、海军、空军和第二炮兵组成，在国家安全和发展战略中具有重要地位和作用，肩负着维护国家主权、安全、发展利益的使命。

中国人民武警部队在和平时期主要担负执勤、处置突发事件、打击恐怖主义、参加和支援国家经济建设等任务，在战争时期配合人民解放军进行防卫作战。中国人民解放军的任务复杂繁重，这是因为中国有2.2万多公里陆地边界线和1.8万多公里大陆海岸线，是世界上邻国最多和陆地边界最长的国家之一。中国面积超过500平方米的岛屿有6500多个，岛屿海岸线长达1.4万多公里。

虽然媒体上时而出现关于中国国防的负面声音，但实际情况是，中国已与周边7个国家签订了边境合作协议，与12个国家建立了边防会谈会晤机制。中国武装部队定期举行双边和多边实战演习，以磨炼自身的技能。

宪法和法律赋予中国武装力量的重要任务是，保卫人民的和平劳动，参加国家建设事业，努力为人民服务。中国武装力量服务于国家改革发展大局，积极参与国家建设和抢险救灾，依法维护社会和谐稳定，努力保障国家发展利益。

中国武装力量充分发挥其水电、交通、工程、测绘等专业部队的优势，支援国家和各地交通、水利、能源、通信等关系国计民生的基础设施建设。我们也经常听到关于中国不重视生态和气候变化的负面声音，然而，事实上，成建制部队和民兵预备役人员经常被组织参加荒山绿化、防沙治沙、湿地生态保护等工作。他们特别支援了京津风沙源治理、塔克拉玛干沙漠周边绿化、长江黄河中上游生态环境保护，以及西藏雅鲁藏布江、拉萨河和年楚河治理等国家重点生态区和生态工程建设。

中国所处地理区域的灾害种类多、分布地域广、发生频率高，给国家经济建设和人民群众的生命财产安全带来严重危害。中国武装力量始终是抢险救灾的突击力量，承担国内外最紧急、最艰难、最危险的救援任务。在巴基斯坦几次重大自然灾害期间，中国人民武装部队曾前来参加赈灾，向巴基斯坦人民伸出援手。

根据最新形势变化所带来的威胁，人民解放军也协助公安、武警部队完成重大活动的安保任务。陆军主要承担防范恐怖活动、核化生爆检测、医疗救援等任务，海军主要承担排除水域安全隐患、防范来自海上恐怖袭击、保持海上通道畅通等任务。

作为一个正在崛起的世界大国，中国深知其安全、发展与世界的和平繁荣息息相关。中国武装力量始终是维护世界和平与地区稳定的坚定力量，不断加强同各国的军事合作，增进军事互信，积极参与地区和国际安全事务，在国际政治和安全领域发挥积极作用，包括派遣维和部队。

《中国国防白皮书》实事求是地介绍了中国武装力量的各方面情况，打破了许多无稽之谈，消除了很多疑惑。我们从中清楚地了解到，中国人民武装力量是保证中国社会更好运行的支柱。

中国梦

《国家报》2013 年 4 月 24 日

中国国家主席习近平提出的"中国梦"执政思想和理念引起了国内外的重大关注。

习近平在参观国家博物馆举办的"复兴之路"展览时发表了讲演,阐释了"中国梦"的概念。他说:"大家都在讨论中国梦。我认为实现中华民族伟大复兴,就是中华民族近代以来最伟大的梦想。"

上星期,中国驻巴基斯坦大使刘健到伊斯兰堡战略研究院做调研,他的发言为中国未来发展描绘了新的图,对"中国梦"做了如下几点解读。

首先,"中国梦"基于中国现实和对未来的憧憬。中华民族伟大复兴之梦是全民族和每个中国人共同的梦想。中国梦的实现必须走"中国道路",即中国特色社会主义道路;必须弘扬爱国主义"中国精神",把全国人民凝聚为实现梦想的"中国力量"。

"中国梦"有两个目标:一个是到中国共产党成立 100 年时(2021 年)中国将全面建成小康社会;另一个是到中华人民共和国成立 100 年时(2049 年)中国将建成富强民主文明和谐的社会主义现代化国家。"中国梦"是对改善民生的庄严承诺。

中国人民热爱生活,他们希望享有更好的教育、更稳定的工作、更满意的收入、更可靠的社会保障、更高水平的医疗卫生服务、更舒适的

中国梦

居住条件、更优美的环境。他们希望自己的孩子健康成长、工作得更好、生活得更好。满足人民对幸福生活的渴望是中国政府的使命。

其次,"中国梦"要在科学发展的指导原则下实现。这就是说,中国的增长模式将继续朝着高质量、以人为本、更加平衡、协调和可持续方向转变。这种新模式旨在提高社会公平和正义,实现更加公平的收入分配制度,以便发展成果更多惠及全体人民。

再次,"中国梦"的实现强调进一步深化改革开放。李克强总理说过,"改革依然是中国未来发展的最大红利"。经济改革的首要任务包括:平衡政府和市场的角色,使市场在资源配置中发挥更大的作用;保证各种所有制经济依法平等使用生产要素,公平参与市场竞争,同等受到法律保护;继续调整经济结构,以便扩大内需和国内市场,促进经济更加开放;政治改革的重点表现在,健全社会主义民主协商制、基层民主制度,推进依法治国,加强对权力运行的制约和监督。

最后,刘健大使强调,中国坚持走和平发展道路,既通过争取和平的国际环境发展自己,又通过自身发展促进世界和平。中国奉行独立自主的外交政策,坚持互利共赢的开放合作战略。中国致力于发展同世界各国的友好合作关系,坚持"与邻为善、以邻为伴",将继续同各国一道应对全球性挑战,巩固友好的关系,深化互利合作,使中国发展更好惠及周边国家。

每个国家都有追求自己梦想的权利。美国曾经梦想成真,中国正在为实现其梦想而奋斗。现在也到了我们巴基斯坦人为实现自己的梦想而制订方案和线路图的时候了。我国正处于大选前夜。新政府必须充分关注巴基斯坦社会面对的各种弊病,帮助国家创造实现完美梦想的机会,以便巴基斯坦发挥真正的潜力。

中巴加强海军合作

《国家报》2013 年 4 月 10 日

历史上中国帮助巴基斯坦自强自立的实例有很多。自从 60 多年前两个国家创建以来,中巴就建立了多元和密切的关系。中国一直是巴基斯坦的坚定盟友,给巴基斯坦提供了包括国防在内的所有领域的援助。中巴防御合作始于 20 世纪 60 年代中期,其中海军合作虽然起步较晚,但却有一个相当稳定的开端。

1971 年巴印战争后,中巴海军合作由于西方国家对巴基斯坦的制裁而全面展开。巴基斯坦海军舰队由殖民时代的旧战舰组成,缺乏有效和灵活的海军平台,在 1971 年印巴战争中遭受印度快速导弹和快艇的打击。为了填补海军能力缺口,中国开始给巴基斯坦提供多种类型的舰艇,它们在 20 世纪 70 年代和 80 年代初被分批编入巴基斯坦海军舰队。其中有:"海南"特级潜艇舰、"上海"级护卫舰、"黄峰"级快速攻击导弹艇、"河谷"级快速攻击导弹艇。这些舰艇给巴基斯坦海军增添了新力量,保障了他们对该国东南海岸线开展巡视的能力,这里曾是 1971 年战争中暴露出的海军能力最虚弱地段。1978 年 6 月,时任国务院副总理耿飚率领的代表团在巴基斯坦总统侯赛因陪同下,参观了巴基斯坦海军舰队,共同见证了这些舰艇在公海上的火力展示。1984 年,中国承诺提供的所有船舰都整合编进巴基斯坦海军舰队,开始用于监视和巡视巴国的卡西姆(Bin Qasim)、帕斯尼(Pasni)和瓜达尔等港口和沿海城市。

中巴加强海军合作

中国海军舰艇在巴基斯坦成功运行的经验，坚定了巴基斯坦海军对中国舰艇产品的信心，促使巴基斯坦继续从中国购置更大型的海军舰艇。因此，巴基斯坦与中国造船厂于1986年初签署了建造2万吨级的补给舰协议。该舰按照巴基斯坦的要求建造，1987年8月以"纳瑟尔"号补给舰之名并入巴基斯坦海军舰队。直至今日，"纳瑟尔"号依然提供着标准服务。

20世纪90年代，美国通过"普莱斯勒修正案"（Pressler Amendment）制裁巴基斯坦，为了建设巴国海军力量，巴基斯坦国防部转而寻求中国的援助与合作。巴基斯坦利用中国转让的技术，在该国的海军造船厂建造出了"贾拉拉特"号（PNS JALALAT）和"舒贾特"号（PNS SHUJAAT）导弹舰。

除了海军互访之外，2005年，中巴海军合作关系进一步扩展。这年巴基斯坦与中国签署了技术转让协定，达成购买4艘F-22 P级护卫舰的协议。据此协议，三艘船舰将在中国制造，一艘由中国援助，在巴基斯坦建造。这项协议按计划实施，迄今为止，三艘护卫舰已经交到了巴基斯坦一方，并整合编进巴海军舰队；在卡拉奇造船和机械工厂建造的第四艘预计本月完成。这些技术一流的舰艇适用于多种威胁的环境下，配有先进的传感设备和武器。它们也装载有来自中国的反潜战优化Z-9EC直升机。F-22 P级护卫舰和Z-9EC直升机在巴基斯坦取得了史无前例的成功，从而推动了巴基斯坦参与中国的多个重大购买项目，巴基斯坦海军建设迎来了中国技术应用和硬件产品销售的新时代。在这样的背景下，2011年，巴基斯坦海军与中国签署了技术转让协定，达成建造2艘导弹艇的协议，分别在巴基斯坦和中国各建一艘，携带能精准打击远距离目标的导弹。此外，巴基斯坦海军还与中国签署了购置雷达控制枪和低空防空雷达，用于重要装置的终端防空。上述舰艇和武器设备的购置和建造，将不仅推动巴基斯坦海军实现硬件建设的自给自足，而且为其提供了优质设备，以弥补其海军舰艇的不足。

中国援建首期瓜达尔深水港项目，并取得该港口经营权，这标志着中巴关系达到一个制高点。中国人民解放军海军部队与巴基斯坦海军定期举行双边练习和参加多边海上演习，丰富了双方海军应对海上挑战的经验，加强了中巴海军合作。

中国共产党从一大到十八大

《巴基斯坦观察者》2012年11月6日

中国共产党第一次全国代表大会于1921年7月23日在上海召开,这是一次艰难、危险的会议。中共一大标志着中国共产党的诞生,开辟了中华人民共和国未来发展方向,中国共产党领导人民把中国从外国占领者的蹂躏中解放出来。一大召开的地点在上海望志路106号,现更名为兴业路76号。出席大会的各地代表共13人,包括当时28岁的毛泽东。其他有董必武、王尽美、邓恩铭、李达、李汉俊、张国焘、刘仁静、陈公博、周佛海、包惠僧。另有共产国际派来的两名代表参会。[①] 一大通过了中国共产党党章和中共第一个决议,马林和尼尔斯基标志着中国共产党的正式诞生。

那时的中国处于法国、英国、俄罗斯、德国、美国和日本等外国列强的占领下,这些殖民主义国家榨取中国的人力和自然资源,将中国人民置于贫困和饥饿之中。中共一大召开时环境危险,7月30日,当法国租界警察逼近会议举办地点时,秘密会议被迫中止,代表们转移到浙江嘉兴,在南湖的一条游船上完成最后一天的会议议程。

日前,笔者正在中国做关于中国共产党十八大会议的新闻报道工作,非常幸运的是,我们的考察工作从上海开始,因为这里是中国共产党诞生的地方,是中共上海市委的文物保护单位。1952年9月,经过多方勘

---

① 作者原书里说,列宁领导的共产国际代表团参会。译者在此予以纠正。——译者注

中国故事：改革开放四十年成功转型之路

查，一大代表之一李汉俊和其长兄李书城的住宅——兴业路76号被确认为中共一大会址，改建成纪念馆，并对外开放。1961年3月，一大会址被国务院列为全国重点文物保护单位。1964年3月，邓小平为中共一大纪念馆题写馆名。在一个多小时的参观中，我们观看了中共一大留下的史籍——文件和照片，这些是外国侵略者在中国的国土上残害中国国民的见证。参观一大会址，我们的感触颇深。

纪念馆里布置了中共一大召开时情景的蜡像，以纪念中国共产党的这一重大历史时刻，其中包括年轻时的毛泽东的蜡像。第二次和第四次中国共产党代表大会也在上海举行。在中共第七次全国代表大会上，毛泽东当选为主席，他从此领导中国共产党一步步走向胜利，最终推翻了旧政权的压迫和剥削。

从那时起，中国共产党一直肩负重担，并一直勇敢向前。中国近代历史上的首次革命发生在中国共产党成立之前的1911年，是由孙中山先生领导的推翻专制君主政权的资产阶级民主革命。此次革命没有解决关于中国命运的许多问题，这些棘手的问题落在了中国共产党肩上，成为中华人民共和国成立后中国共产党亟须设法解决的问题。国民党留给中国共产党的是一个瘫痪的政权，中共政府努力重建饱受战争蹂躏的经济，实施土地改革。更重要的是，要保证人民的支持。纵观历史，通常在一场流血革命之后会爆发大规模的动乱，被压在社会底层的人们会被推到前线，人们寄厚望于重大改变。除了饥荒、旱灾、骚动之外，还有前殖民主义者为了阻碍中国进步而制造的各种阴谋、国际社会的孤立政策，所有这些挑战都是中国共产党必须克服的障碍。最重要的是，13亿人民的温饱问题与少数民族的团结问题。①

---

① 作者这里的历史时间概念错误。中华人民共和国成立时，人口不是13亿。——译者注

中国共产党从一大到十八大

1949年国民党逃离中国大陆时，带走了黄金白银和多年积累的外汇储备，留给新政府的是一个因战乱而满目疮痍的资金短缺的经济。中国共产党用了三年的时间才重建恢复到1949年的经济水平，虽然只达到了起飞阶段，但的确是了不起的进步。20世纪80年代末和90年代，共产主义在苏联和东欧先后失去政权，西方观察家认为，中国也将随之垮台。

接下来的几次中国共产党代表大会通过了改变发展道路的决议，开始实施改革开放政策，将社会主义与市场经济结合在一起。改革开放政策取得丰硕成果。经过30年的努力和奋斗，中国飞跃发展成为世界第二大经济体。中国不仅养活了13亿人，而且还为解决世界其他国家的粮食问题作出了重大贡献。更重要的是，西方国家的经济崩溃没有影响中国经济；相反，中国还给美国提供援助，以防止后者的经济瘫痪，以及由此而产生的国际经济和社会动荡。

中国共产党经历了漫长的艰难之路，从弱到强。中共十八大召开前夕，中共党员超过8200万人。中国共产党必将领导中国走向文明富强。

中国共产党第十八次全国代表大会

《国家报》2012 年 11 月 14 日

中国共产党第十八次全国代表大会于 11 月 8—14 日在北京召开，2270 名代表汇聚在宏伟壮观的人民大会堂。大会选举习近平为中国共产党总书记。笔者荣幸目睹了庄严隆重的大会现场。中国共产党老党员被邀请出席这次大会，正是这些老前辈领导中国走到今天，在这个历史时刻人们不应该忘记他们的辛勤劳动和远见卓识。胡锦涛主席的前任江泽民被邀请到现场，前国务院总理朱镕基、前国家副主席曾庆红，以及李瑞环、李岚清等其他重要的前中央政府官员也应邀出席大会。在胡锦涛做长达一个半小时的工作报告前，他请求全体代表起立向已故中国共产党领导人毛泽东、周恩来、刘少奇和邓小平鞠躬致敬。

在中国共产党第十八次全国代表大会上，胡锦涛主席做工作报告指出，中国共产党将坚定不移地走中国特色社会主义道路，为到 2020 年全面建成小康社会而奋斗。胡锦涛主席明确指出了政府过去工作中的不足和问题，表示将尽最大努力去解决。他特别强调指出腐败的危险性，警示党员们不要因腐败导致亡国亡党。胡锦涛主席强调，要加强党内民主规范化机制建设，加大改革和开放力度，推进司法体制改革和社会发展。

胡锦涛主席在报告中指出，中国进入一个加强国防和武装力量建设的新阶段。履行新世纪新阶段历史使命的能力显著增强，出色完成了一系列急难险重任务。因为中国正卷入与其邻国的多项海洋纠纷中，所以，

中国共产党第十八次全国代表大会

胡锦涛主席还表达了中国坚决维护本国海上利益的决心。胡锦涛主席强调,过去十年取得的最重大成就是形成了科学发展观,并在马克思列宁主义、毛泽东思想和邓小平理论指导下将科学发展观付诸实践。世界已经见证了其结果,中国共产党从一开始的13名秘密党员,经过近百年发展,到十八大召开前夕党员超过8200万人。

上海——东方的纽约

《国家报》2012 年 11 月 7 日

日前,笔者正在中国执行关于中国共产党第十八大的新闻报道的任务,此次大会将产生新一届中国领导集体。中共十八大于 11 月 8 日召开,大会将回顾中国共产党在过去 5 年里的工作,以及从十七大以来的各项政策的实施和取得的成绩。笔者的下一篇文章将现场记录十八大的召开,而这篇文章则献给我几十年来一直渴望探索的上海市。在游历了中国大陆的许多城市后,我终于有机会到上海参观了。

这是一次独特的经历,因为上海与西方国家的多数现代大都市看上去很相像,它的摩天大楼、造型优美的桥和现代时尚建筑让人想起"大苹果城"纽约,只是上海比纽约更干净。上海有一些世界上最高的建筑物,它们具有独特的空间结构设计。虽然上海居住着来自法国、俄罗斯、德国、英国等各国的人们,但是一些古代风格建筑依然保留下来,这的确令人振奋。由于其战略位置,上海几个世纪以来一直都是贸易、商业和工业中心。第一次鸦片战争后英国军队占领了上海。根据 1842 年签署的《南京条约》,英国人迫使中国开放包括上海在内的多个港口进行国际贸易。1843 年《虎门条约》和 1844 年《中美望厦条约》迫使中国屈服,欧洲和美国殖民者获得在中国领土上的巡视和贸易权。英国、法国和美国都割占租界,在上海留下了各自的印记。20 世纪 20—30 年代,大约有 3 万俄罗斯人和俄罗斯犹太人逃离苏联,来到上海定居。1937 年,日本

上海——东方的纽约

侵略中国大陆后,他们首先在上海建立第一批工厂。其他外国殖民者很快也仿效日本在上海建厂,上海成为当时远东最重要的金融中心。所有这些国际活动使上海获得了"东方雅典"之名;有些人将上海称作"东方巴黎"。对我而言,上海则是"东方纽约"。

1949年中华人民共和国成立后,多数外国商人迁往香港。1921年7月23日中共一大在上海召开,使上海获得很大的荣誉。中央政府赋予上海作为贸易和商业中心的重要地位,推动其发展成了一个繁荣的大都市。上海一直以来被视为中国繁荣发展的经济"样板"。上海市徽的设计是经过多方慎重筛选的结果,它是以市花白玉兰、沙船和螺旋桨三者组成的三角形图案。因为白玉兰是上海地区不多见的报春花类,花瓣大又白,清香淡雅,花心总是朝上,展示城市的生机勃勃;螺旋桨象征着上海是一座不断前进的城市;沙船是上海港最古老的船舶之一,象征着上海是一个历史悠久的港口城市。

上海是世界上发展最快速的城市之一。从1992年起,除了2008年和2009年的全球萧条期之外,上海每年都保持两位数的增长。2011年,上海GDP增长至1.92万亿元(约合2970亿美元),人均GDP达到82560元(约合12784美元)。上海有中国最好的教育体制,是全国第一个实施九年义务制教育的城市。创建于1990年的上海证券交易所由中国证监会直接管理,其上市公司931家,市场资本总额148376.22亿元人民币。中国的国家战略是到2020年把上海建设成一流国际金融中心,活跃的金融活动和快速的发展工程正在见证着这个目标的实现。

"辽宁"舰——中国航母战斗群建设第一站

《国防期刊》2012年11月刊

2012年9月25日是中华人民共和国历史上的一个大喜的日子,中国不再是联合国安理会常任理事国中唯一的没有航空母舰的国家了。"辽宁"号航空母舰(简称"辽宁"舰)的交接入列,标志着中国人民解放军海军部队迈出了建设航空母舰战斗群的第一步。在讨论"辽宁"舰之前,我们有必要回顾一下中国海军发展的历史,考察一下需要建设航母战斗群的必要性及其对中国周边地区的意义。

中国的海洋文化

中国的海洋历史追溯到几千年前,根据现有档案资料,始于春秋战国时期(公元前722—公元前481年)。中国古代已经是一个海上强国,各种船只用于战争。[1]1405—1433年间,中国开始建造大型远洋帆船,从而成为海上军事强国。[2]在现代中国,中国(包括台湾地区)继续保持海军常备军。

《厄立特利亚海航行记》(The Periplus of the Erythraean Sea)[3]是希腊

---

[1] Needham Joseph. *Science and Civilization in China*: Cambridge University Press 1954, vol. 4, part 3 (1986: 678).

[2] China in History —— from 200 to 2005.

[3]《厄立特利亚海航行记》由希腊—罗马时代作者所作,名字不详,生活年代在公元40—70年。厄立特利亚海字面意思为"红海",但按照希腊时代定义,它包括印度洋和波斯湾。

"辽宁"舰——中国航母战斗群建设第一站

人写的一部航海手册,它描述了红海和印度洋上的贸易,包括斯里兰卡和印度西海岸港口,记述了罗马人在这些地方的强制性海关制度,也描写了由海路到中国的各种困难和挑战(从公元前105年起,希腊人就已经知道中国的存在,但是人们对陆路的了解较多)。该《航行记》也描述了公元前1世纪至公元7世纪阿克苏姆文明时期(今日埃塞俄比亚)红海港口阿杜里斯(Adulis)的兴隆贸易。[1]

公元前107年,大约有20万外国人生活在广州,包括波斯人、阿拉伯人、印度人、马来人等,他们主要是商人、手工业者和各种金属制品工匠。[2]

中国佛教高僧法显(约337—442年)曾于399—412年左右到印度和斯里兰卡(古称锡兰)研习佛经。他的全部旅行经历后来记录成为《佛国记》,记述了法显在印度和锡兰求取佛经期间所发生的故事。[3]

法显返回中国时,在今日山东省的崂山(在青岛以东30公里处)登陆。他向当时的青州衙门申请留居。法显在青州逗留了一年左右,翻译、整理和编写西行取回来的佛教经典。《佛国记》是世界上最伟大的游记之一,它不仅是关于早期佛教历史的珍贵资料,而且还记录了4世纪末和5世纪初古代丝绸之路沿线诸国的地理和历史概况。

616年,穆斯林先知穆罕默德的舅舅阿比·瓦卡斯加入从埃塞俄比亚到广州的商务旅行中。这次旅行后,他返回阿拉伯半岛。21年后,他带着一本《古兰经》重返广州。他建立了一座清真寺,即广州怀圣寺。它

---

[1] Kenneth Hall, *Maritime Trade and State Development in Early South Asia*, p.29-34, citing W. Schoff's translation of the Periplus, New York, 1912, and dating it to 40-75AD.
[2] Levathes, Louise, *When China Ruled the Seas*, p.39.
[3] 中国佛僧法显关于其在印度和锡兰的取经和讲学经历(399—414年),此英语版本来自韩语译注本: *A Record of Buddhist Kingdoms Being an Account* by James Legge www.maritimeeasia.ws/topic/Malaysia-crossroads.

中国故事：改革开放四十年成功转型之路

坐落在广州光塔路（光塔是由阿拉伯人建造的灯塔）。瓦卡斯后来在广州离世，其坟墓坐落在广州穆斯林陵园里。[1]

先知穆罕默德曾经向广州派出4位使者，其中的2位在广州去世。他们被作为尊贵的宾客埋葬于此，他们的坟墓至今一直在不断维修和保护中。[2]

748年，中国佛僧鉴真第五次东渡日本失败，船只漂流到广州。根据鉴真的记载，广州那时"有很多来自婆罗洲、波斯、爪哇的大船，装载的香料、珍珠和玉石等货物堆成了小山高"。最大的船只高如大厦，船帆高至几丈（1丈约等于3.11米）。那时候，斯里兰卡是重要的船运中心，这里穿梭着来自印度、波斯和埃塞俄比亚、斯里兰卡的船只，所配跳板通常长约数丈。[3]

前面引用的李约瑟《中国科学技术史》提供了更多的有关中国航海历史的资料。根据该书，758年，阿拉伯人洗劫和烧毁了广州。于是，当时的皇帝下令50年内禁止广州对外国人开放。[4]

8世纪末、9世纪初，中国已经建造出700吨的大型内河航运船只。《中国科学技术史》写道："这些船员生活在船上，他们从出生、成家到离世，一辈子都在船上。船屋之间有过道，甚至花园。每条船可以容纳数百名水手。从南方的江西到北方的淮南，每年一次单程航运，盈利丰厚……那些出海的大船是外国船舶。每年它们来广州和安义。那些来自

---

[1] Chih, Liu, *The Life of the Prophet* (12 volumes), 1721, quoted by the Islamic Council of Victoria, http://www.icv.org.au/history2.shtml.

[2] Lianmao. Wang (ed), *Return to the City of Light*, p.99, and Quanzhou site captions, citing Ming Shu, 'A history of Fujian Province'.

[3] Zhiba, Tang "The influence of the sail on the development of the ancient navy", p.61.

[4] Bosworth, L, Michael, http://www.cronab.de...co.uk/china.htm, citing Joseph Needham, *Science & Civilization in China*, Vol.1, p.179, Louise Levathes, When China Ruled the seas, p.39.

"辽宁"舰——中国航母战斗群建设第一站

锡兰的船舶最大,他们出航时总是带上白鸽,发生沉船等紧急情况时,这些鸽子被用来送信。"①

从9世纪起,从广州出发的中国商船定期出现在东非海岸的索法拉(Sufala),不再用阿拉伯人做中间人。②

到了唐朝(618—907年),阿拉伯商人苏莱曼交口称赞中国制造的大型船舶的适航性,但同时指出,船舶因吃水太深而无法进入幼发拉底河,需要使用小船让乘客和货物着岸。航行在印度洋上的船舶通常船长约20丈,可载客六七千人。③

1154年,摩洛哥地理学家伊德里西(Al Idrisi)《云游者的娱乐》(*Geography*)一书出版,书中描述了装载有铁器、刀剑、皮革、丝绸、天鹅绒和其他纺织品的中国商船航行到亚丁、印度河与幼发拉底河,书中还包括一张世界地图。在伊德里西看来,泉州的中国丝绸质地上等,无与伦比,杭州则以产玻璃制品和丝绸而著名。④

1163—1190年,南宋孝宗皇帝统治时期大力发展海上贸易,取代了之前阿拉伯人等的海洋贸易主导地位。中国商船向东到达了朝鲜和日本,向西到达了印度、波斯湾和红海。中国进口原材料和奢侈品(稀有木材、宝石、玉石、香料和象牙),出口制成品(丝绸和其他织品、陶瓷、漆器、铜钱、染料、书籍和文具)。⑤

---

① Michael L.Bosworth, http://www.cronab.de...co.uk/china.htm, citing Joseph Needham Vol. 4, Part III, p.452-3 (Cambridge University Press, 1971), which in turn quotes Tang Yu Lin's (Miscellanea of the Tang Dynasty), compiled in the Song Dynasty.
② Fuwei, Shen, *Cultural flow between China and the outside world*, p.155.
③ Liu Pean, *Viewing Chinese ancient navigation and shipbuilding through Zheng He's ocean expeditions*, p.178.
④ http://lrrc3.plc.upe...5/penny05.html; Shen Fuwei, *Cultural flow between China and the outside world*, p.159-161.
⑤ Paludan, Ann, *Chronicle of the Chinese emperors*, p.142.

中国故事：改革开放四十年成功转型之路

尽管中国在12世纪以前曾经发生过许多重大水上战役，比如，208年的三国赤壁之战，但是，中国在宋朝（960—1279年）统治时期的1132年才建立了常备海军。①12世纪晚期，发展到盛期的海军有5.2万人，组成20个编队，海军总部设在定海，主要基地在今日上海附近。宋代建立海军是出于其国防考虑，为了抵御征服了大半个中国的来自北方的女真族；同时，用于驶往东南太平洋和印度洋的中国远途贸易商船队的护航。然而，考虑到历史上一直遭到来自陆地上的匈奴、突厥和蒙古等游牧部落民族的威胁，因此，海军一直被视作辅助的而不是重要的军事力量。到15—16世纪，中国的运河系统和经济已经足够发达，以至于太平洋商船队不再需要护航；同时，当保守的儒家分子掌握国家政权，并开始转向实施加强内政的政策，这些商船舰队也被破坏了。鸦片战争的爆发震动了清朝的将领们，海军建设再次得到重视。

当英国的舰队在鸦片战争中首次与中国船队相遇时，他们注意到了中国船队中的划桨船，并认为这照搬了西方船只设计。实际上早在5—6世纪，中国人就独立开发了划桨船。而就在这之前的一个世纪，罗马人的文献曾首次提到这种船舶。②虽然当时的那个推桨方法已经被废弃了数百年，但在鸦片战争前不久又被重新改进。中世纪期间，中国船舶建造上的许多其他创新还没有被西方和伊斯兰世界所采纳，其中有些在马可波罗的著述中有所记载，但没有在其他国家的船运建设中应用到。直到18世纪，英国人才成功地将其引进到其船舶设计中。例如，中世纪中国船的船体分成两个舱壁，这样一来，在船体破裂的情况下，船只只会部分被淹没，而不至于沉底。③

---

① Needham, Volume 4, Part 3, 47.
② Ibid, p.31.
③ Yu, Zhu, *The Pingzhou Table Talks* of 1119 AD.

"辽宁"舰——中国航母战斗群建设第一站

1363年8月30日到10月4日爆发的鄱阳湖大战,奠定了朱元璋创建明朝的基础。然而,在15世纪初明朝的大规模军事、纳贡、探险活动之后,宫廷认为这些海上活动耗资巨大,于是中国舰队的发展规模大幅缩减,而转为主要用于大运河上的护航。曾多次令同一时期的葡萄牙大船相形见绌的郑和将军的"宝船舰队"出航也被叫停。直到最近的海洋建设复兴(从中国航海史的意义上讲),中国帆船才成为中国的主导船舶。

1683年7月,施琅率领300艘战船和2万大军歼灭统治台湾的明朝郑家军队,史称"澎湖海战"。战后台湾作为福建省的一个辖区,正式并入清朝政权。

虽然施琅率兵收复台湾,作出了巨大贡献;但是,他在战后担任台湾官员期间,却夺占田产,勒索渔民。出于对两岸关系发展的考虑,由于施琅的这些腐败和霸道行为,中国的第一艘航空母舰不可能以其名字来命名。

中国历史悠久,也具有丰富的海洋发展经验,这种历史背景必将促进其航海资源的利用和开发。

迫切需要发展航空母舰

在中国当代历史上,1988年3月14日爆发赤瓜礁海战,中国海军编队后海军将领陈伟文指挥中国人民解放军海军3艘护卫舰抢占赤瓜礁。由于担心越南空袭和苏联报复,中国虽然取胜,却不得不迅速撤离。当时对此有争议,现在却被广泛认可。

2011年,陈将军在与《现代舰船》杂志社的访谈中提到,中国在赤瓜礁海战中获胜,但也不得不快速撤离。他还特别强调了建设航空母舰的必要性。陈伟文访谈的一段内容如下。

中国故事：改革开放四十年成功转型之路

"在南沙海岛战役中，我们最担心的是越南的海上船舰，而不是他们的飞机。那时，越南拥有 Su-22 战斗机，绝对有攻袭船只的能力。南沙群岛离三亚很远，我们的西沙群岛也缺少机场。从最近的机场——陵水机场（海南岛）起飞，我们的飞机只有四五分钟的停留时间。如此短的时间，解决不了问题，否则汽油会被烧完。在那种情况下，我们迫切感到了拥有航空母舰的必要性。假如赤瓜礁海战期间，我们拥有航空母舰的空中掩护，我们就不会惧怕越南的空袭。现在我们在南沙群岛建了飞机场，就方便多了。如果中国的航空母舰在不久的将来就会编队，并接受系统的训练，这将是一个重大进步。我们将占领空中优势，越南飞机将不敢擅自起飞。"

利用甲板航空理念来关注中国的主权问题，绝不是陈将军一个人的想法。根据中国国防大学的权威期刊《国防科技》，航空母舰在提供超出陆上空中范围的空中掩护与援助小岛的远程两栖登陆作战行动上发挥关键作用。"在深海岛屿和礁区的战役相对独立，通常没有陆上部队和空军的支持。在这种情况下，航空母舰在取得战斗胜利方面就更加重要。"[①]

在当前的形势下，中国在其东、南沿海海域突显军事实力，显然是十分重要的，因为在这个地区中国与其邻国存在沿海岛屿争端。但是，拥有东亚的第一艘航母（类似有一个太空计划）也是一个国家走上国际舞台的表现。在过去的30多年中，中国致力于发展经济。现在中国已经实现了其经济强大的目标，到了集中建设其军事力量的时候了。建造航母就是军事力量建设的一部分。

在最近的一次访谈节目中，中国人民解放军海军战略智库专家李杰发表其看法："中国首个航空母舰下水对于中国解决岛礁争端和捍卫海洋

---

① *Modern Ships*, Issue 11 (2011):1003-2339.

"辽宁"舰——中国航母战斗群建设第一站

权益具有重要意义。"①

中国前海军少将杨毅表示，航母建设是中国国防现代化，尤其是海军现代化建设的重要组成部分。"辽宁"号航母的编队奠定了中国未来更先进的航母建设的重要基石。该航母主要用于科学研究和训练任务，以便促使中国在未来建设一个更加先进的航空母舰平台。②

实现中国人民解放军海军航空母舰战斗群建设的目标将需要10年左右的时间，然而，航母建设不仅具有军事意义，而且还承担着军事任务和人道主义的使命。例如，在2004年印度洋大海啸之后，新加坡的"坚忍"级登陆舰在印尼亚齐沿海一带的部署，发挥了其人道主义援助的一面。这就说明，这些具有进攻性的航母平台的确具备条件发挥它们的人道主义使命。又如，美国政府在2004年印度洋海啸后和2011年日本东海海啸后，均在两地部署了航空母舰，发挥了良好作用。泰国海军也在南方洪涝灾害的赈灾期间使用了其"差克里·纳吕贝特"号"袖珍航母"（RTNS Chakri Naruebet）。中国海军可以从这些人道主义使命中汲取经验，努力赋予其未来的航空母舰实现人道主义使命的能力。事实上，北京早就意识到了如此庞大的海军平台的和平建设功能，就像中国海军医院船"和平方舟"号所展示的那样。这类富有同情心的姿态虽然不能提供拥有航空母舰的理由，但是可以抵消一些批评声音。

中国海军的航空母舰追梦之路

中国的地理位置决定了其必然要发展航空母舰。中国的航空母舰梦想可以追溯到20世纪40年代国民党时期。20世纪80年代，中国共产党

---

① "Naval expert: Aircraft carrier will play a major role in settlement of islands disputes", *People's Daily* online, September 24, 2012.
② Yi, Yang, "Aircraft carrier protects peace", *China Daily*, September 25, 2012.

中国故事：改革开放四十年成功转型之路

政府重振中国的航母之梦。20世纪80年代中期和90年代初期，中国高调购买澳大利亚和苏联的退役中型航母，充分表明了中国政府的意愿。

自1985年以来，中国购置了4艘退役航母用于科研，它们是澳大利亚的"墨尔本"号（Melbourne）和苏联的"明斯克"号（Minsk）、"基辅"号（Kiev）和"瓦良格"号航母（Varyag）。有报告称，到2020年中国将完成2艘5—6万吨的基于"瓦良格"号的089型航空母舰。最有可能从这些航母上起飞的是"苏霍伊苏-33"战斗机（Sukhoi SU-33s，海侧位），但中国也正在自主开发国产多用途战斗机——沈阳J-15，它源于俄罗斯的"苏霍伊苏-33"战斗机，配有原型隐形战斗机J-31。[①]

所有这些表明，在过去的几十年中，中国周边国家已经在某种程度上了解了中国发展航空母舰的前景。

20世纪90年代以来，中国的航空母舰开发意图即便没有成为东南亚国家海军现代化建设的主要动机，也在一定程度上刺激了该地区购买这类"相对便宜的"远程导弹、空中海上监视和潜艇的预期对策。

1998年，通过一家澳门私有旅游公司，中国购买了"瓦良格"号航母；当时在乌克兰的"瓦良格"号航母只完成了30%的建造。"瓦良格"号航母被拖到大连船厂后，经历了长时间的改装。待售前，"瓦良格"号航母的军事设备和推进系统已经被除掉。2007年，有新闻报道称，"瓦良格"号航母已经装备完毕，准备服役。2011年8月10日，"瓦良格"号航母宣布完成改装，准备试航。

2011年12月4日，美国的一家卫星影像公司——数字地球（Digital Globe）宣称，通过图片搜寻，他们发现了翻造的"瓦良格"号航母正在执行演习。该公司称，根据他们的影像捕拍，"瓦良格"号航母在黄海上

---

① Fulghum, David A. "New Chinese Ship-Based Fighter Progresses". *Aviation Week*. April 27, 2011.

"辽宁"舰——中国航母战斗群建设第一站

进行了5天的演习。[①]

"辽宁"舰的历史

"辽宁"舰的原型是1985年12月6日在乌克兰联盟共和国（苏联）尼古拉耶夫海军基地的"库兹涅佐夫"级多用途航母"里加"号（Riga）。1988年12月4日下水。1990年重新命名为"瓦良格"号航母。1998年中国购买"瓦良格"号航母，将其拖到中国东北的大连造船厂。该航母的设计者是涅夫斯科耶规划设计局。[②]1992年，"瓦良格"号建造停止，当时已经完成船体部分，但没有电子设施。随着苏联的解体，"瓦良格"号的所有权划归乌克兰。之后，它的建造工作一直处于停工状态，它上面的部分武器也被拆除。到1998年初宣布拍卖之时，"瓦良格"号航母还没有引擎、方向舵和主要操作系统。1998年中国购买了"瓦良格"号航母的船体，并将其拖至中国；有报道称，它将被当作娱乐园使用。从那时起，中国海军一直在改装和翻造"瓦良格"号航母，用于科学研究与实验训练。

---

① "US satellite snaps China's first aircraft carrier at sea". *The Guardian* (London). 15 December 2011.

② "Aircraft Carrier Varyag". Russiafile.com.

中国故事：改革开放四十年成功转型之路

"辽宁"舰的规格

"辽宁"舰航母的基本规格见下表。[1]

表 1

排水量：	53000 to 55000 吨（正常）；66000 to 67500 吨（满载）
飞行甲板：	长 304.5 米（999 英尺）；宽 270 米（890 英尺）
船宽：	75 米（246 英尺）（舷宽）；38 米（125 英尺）（吃水线宽）
吃水：	10.5 米（34 英尺）
推进力：	汽轮机、8 个锅炉、4 个轴、200000 马力（150 MW） 2 × 50000 hp（37 MW）汽轮机 9 × 2011 hp（1500 kW）汽油发电机组 6 × 2011 hp（1500 kW）柴油发电机组 4 × 定距螺距螺旋桨
航速：	32 节（59 km/h; 37 mph）
航程：	3850 海里（7130 km; 4430 mi）/ 32 节
航时：	45 天
定员：	1960 名船员、626 名飞行人员、40 根旗杆、3857 个房间
设备：	改装后： • 3 x Type 1030 CIWS • 3 x FL-3000N（18 个单元导弹系统） • 2 x ASW 12 管式火箭发射器 设计指标： •8×AK-630 高射炮（6×30mm, 6,000 round/min/mount, 24000 rounds） •8×CADS-N-1 卡什坦 CIWS 近迫防卫炮（each 2×30 mm 加特林机炮 plus 163K 87 Kortik SAM 弹炮近防系统） •12×P-700 花岗石导弹 •18×8 槽 3K95 Kinzhal 防空导弹 VLS（192 枚垂直发射导弹；每 3 秒发射一枚） •RBU-12000 UDAV-1 ASW 火箭筒（60 枚火箭）
载机：	沈阳歼 -15 昌河直 -8 卡 -31 预警直升机 设计指标： × 30 固定翼航空母舰 × 24 直升机

---

[1] http://behindthewall.nbcnews.com/_news/2012/09/25/14092055-china-brings-its-first-aircraft-carrier-into-service-joining-9-nation-club.

"辽宁"舰——中国航母战斗群建设第一站

中国海军的航空母舰设想

航母服役后将提高中国海军的整体作战能力，改变其传统的海战观念和模式。因此，"辽宁"舰不仅仅是一艘航母，更重要的是，"辽宁"舰的下水使中国海军发生了质和量的改变，涉及作战风格、组织结构和军队结构、军事理论、后勤保障和装备等各个领域。

航母战斗群可以在海上打立体战。传统的大型和中型战船，比如巡洋舰和驱逐舰，在反舰、防空和反潜作战中表现突出，但无法建立制空权。航母战斗群的建设将不仅提高中国人民解放军海军部队的作战能力和防御能力，而且也可以适当地整合中国的海军和空军力量，并在科技发展的不断配合下，大大增强中国的海战能力。

航空母舰的建造还将发挥巩固中国强国地位的重要作用。航母下水将带来中国海洋力量的重大飞跃，这包括海军、海事执法机构和空军。这些力量的综合利用与相互协作，加上一个适用于远洋作战的航母战斗群，将大大提高中国的海上纵深防御能力。

经过10次试航后，中国的第一艘航空母舰很快就进入服役状态。实际上，关于中国航母的功能和角色出现了各种各样的批评和猜疑。

然而，首个航母不久即将开始服役的消息宣布后，国内多数民众表示欢迎。当然也不排除一些不同看法。有些人认为，改建一艘旧航母的支出比新建一艘航母还要大，经济上不划算。另有人质疑改装航母的战斗能力。

尽管如此，建造航空母舰是中国国防现代化，特别是海军现代化建设不可缺少的部分。"辽宁"舰航母的编队奠定了中国未来更先进航母建设的重要基石。

在当今世界所有主要强国，甚至一些中小国家拥有航空母舰的情况下，中国自然也应该拥有自己的航母。为了实现中华民族的伟大复兴，

中国故事：改革开放四十年成功转型之路

中国不仅要做一个陆上强国，而且要做海上强国。面对各种外部安全威胁，中国发展航空母舰已成为全国人民的共同愿望。

第一艘航母服役后，将主要用于科研和训练任务，为中国在未来建造更先进的航母提供必要的经验和技术积累。同时，也为了探索和获得设备开发、专业人员培训和海军内部以及与其他兵种间的联合军事演习等相关领域的实践经验。从这个意义上讲，"辽宁"舰航母可以被视为实现中国海军现代化的"实验场"。

中国坚持和平发展道路，航空母舰的使用将不会改变中国国防和军事战略的防御本质。中国现在是，将来仍然是驱动区域和全球经济增长和发展的强大力量；中国也是促进区域稳定与世界和平的重要力量。

中国需要保护其广阔的海域和巨大的海洋权益，中国日益增长的海外利益也需要一个强大的海军作为安全保障。同时，维护区域稳定与世界和平也要求中国海军发挥其积极和重要作用。曾经遭受西方列强海上威胁的中国不再忽视其海上防御。

航母的命名

根据中国海军的命名传统，船舰的命名通常源自其建造地。也有以个人名字命名的个例，比如，"邓世昌"号、"郑和"号训练舰和"李四光"科研舰，但是大型战斗舰的命名不在此类。

根据媒体和网络信息，第一艘航母的命名参考了多名军事专家的建议，最终正式命名为"辽宁"舰。有人建议命名为"048"号，因为据说胡锦涛主席和其他国家领导人在2004年8月下达开发建造航母的决议。其他提议的名字有"孙中山"号，取自中华民国的开创者孙中山；有"毛泽东"号，取自中华人民共和国的开创者毛泽东。另有传言，航母将以17世纪攻克台湾的清朝将军施琅的名字命名，这将释放出中国人民解放

"辽宁"舰——中国航母战斗群建设第一站

军解放统一台湾的信号,此说法持续了一段时间。

辽宁是中国东北三省之一,选取该省名称是因为这艘航母是驻扎在这里进行改装的,未来在航母上服役的飞行员也是在大连接受训练的。[①]既然这艘航母是中国的第一艘航母,也是该国最大和最优良的战舰,因此,以中国的一个大省,又是航母的改装地来命名它,是合情合理的。"辽宁"舰之名由此应运而生。

来自邻国的反应

考虑到中国东部海域和南部海域的紧张局势,中国航母下水有可能刺激这些区域的国家,他们将担心中国会利用其新开发的海军能力,增强其索求争议岛屿的力量。对于那些相对弱小的东南亚国家来说,这种担忧尤其可能。因为它们在过去的几十年中,一直见证着中国海军实力的日益增强。中国航母编队服役引起国际社会的广泛关注,一些外国媒体称,中国以此给处于白热化的钓鱼岛争端中的日本施加更大压力。一些人甚至猜测中国的航母将参与对日本的军事行动。假如这样的话,将对其他与中国有海上领土争端的国家产生巨大影响,从而导致中国外交关系和安全环境的恶化。

从战略和军事角度来看,中国引进第一艘航母可能不会引发东南亚国家政府的过度反应。然而,中国的航空母舰开发计划可能会成为引发这些国家担忧的真正原因。据称,在 2020 年和 2022 年将有两个自主开发的航母分别进入服役。相关报告称,自主研发的航母将以"瓦良格"号航母为基础,但体积将比它大,每艘航母的满载排水量超 7 万吨,它

[①] "Renamed Liaoning, China's first carrier handed over to PLA Navy", *Want China Times*, September 25, 2012.

们的综合航运能力大大提高。①

如果东南亚国家基于它们与中国的最近对峙而认为，中国的新航母可能用来维护北京在该地区的海事争端，那么他们的担心是多余的，因为中国海军一直以来都在使用轻型民用执法船，而不是大型战舰来处理纠纷问题，他们也正在加强这类船只的建设能力，中国这个处理海事争议的传统将持续下去。

2012年9月24日，中国的第一艘航母，苏联的"瓦良格"号停泊在中国大连。②

从乌克兰购置的由苏联航母改建而成的"辽宁"舰（舰长300米）

---

① Collin, Koh Swee, "China's Aircraft Carrier: Implications for Southeast Asia", S. Rajaratnam School of International Studies, NTU, South Spine, Block S4, Level B4, Nanyang Avenue, Singapore 639798, October 01, 2012.
② Source: AFP / Getty Images.

"辽宁"舰——中国航母战斗群建设第一站

此外，除了作为中国海上的一艘航母外，"辽宁"舰还可以通过其"不那么迷人"的投射能力，发挥更多其他效能，增加它的可信度，诸如迅速拓展的由空中加油机支撑的两栖突击部队或第四代陆基空军建设，这些将对区域海军力量平衡产生更直接的影响。短期内，中国的东南亚邻国应该对中国在这些领域的发展给予更多的关注，而不是紧盯着其航空母舰开发计划。[1]

从乌克兰购置的由苏联航母改建而成的"辽宁"舰（舰长300米）

建设航母战斗群

多数海军评论家认为，成熟的航空母舰能力建设需要相当长的时间。航母能力建设所需的财力和技术不仅反映在一艘航母的建造上，而且涉及诸如护航战舰、补给舰等多个支持元素，更不用说一个成熟的舰载航空补充平台的建设了，因为所有这些的全面建设才构成一个完整意义上的航母战斗群。一个航母战斗群只有获取、传播和整合了航母相关的必要理论、行动和技术知识后，才可以被视为一支全面综合的作战部队。一个航母战斗群要成为一支有凝聚力的作战力量，还需要接受长时间的

---

[1] Source: AFP / Getty Images.

训练。航母进入服役也需要时间，必须学习一系列的技术；航母必须与其他船舰联合作战，这就需要海军部队掌握一套新思维和模式。这可能是一个学习新知识的过程，但中国正在稳步向前，在实现全面成熟的航空母舰力量建设的道路上迈出了第一步。然而，中国还没有实施航母作战的舰队或飞行员团队。因此，"辽宁"舰将用于培训和考察这些专业人员，这个任务也需要数年才能完成。

北京全面建设航空母舰战斗群能力的努力和行动值得引起人们的注意。有充足的证据显示，中国最近引进和建造了2艘优化舰队防空覆盖范围的新驱逐舰，可以想见，这是符合航母战斗群空防能力建设框架的。这表明中国认真致力于追求长期的航母能力建设，而不是在做一个高贵的"宠物项目"。

鉴于美国和印度的航母在南中国海的"自由航行"，中国特别声明，"辽宁"舰用于防卫中国海岸线，并保证其海上线路畅通。"辽宁"舰也被描绘为一个试验平台，为中国未来计划自主建造5艘航母积累经验和技术。"辽宁"舰将用于研习技术，以便建造更先进的航母，用于与其他国家的海军舰队战斗群开展联合军演。无论其对中国全球地位产生什么样的影响，对中国政治和军事领导层而言，航空母舰具有重大的象征意义，它表明中国正在从弱小走向强大。中国人民解放军海军接收"辽宁"舰是万里长征的第一步，中国将最终实现其海上强国目标。

在一个国防专家谴责持有航空母舰的时代，中国建造航母是要保证其在全球范围内获得防空能力，以便在被一些国家拒绝使用其地面基地或空域的情况下而不至于处于被动状态。目前的辩论主要围绕较小型航母的建造进行，例如，美国"尼米兹"级航母耗资150亿美元。一些观察家认为，在智能炸弹和无人机时代，要建造巨大的低速航空母舰，这本身就是一种倒退。

"辽宁"舰——中国航母战斗群建设第一站

这种专用移动平台的想法产生于1909年。1912年5月,第一架飞机从移动的"海伯尼亚"号战舰(HMS Hibernia)上起飞,取得暂时的成功。但是,直到1918年才建成首个真正的航母——"阿格斯"号(HMS Argus)。

今天,拥有适于固定翼飞机的航母可让一个国家进入精英国家之列。目前,美国拥有的航母超过其他所有国家的总和。中国是航母建设领域的后来者。迄今为止,拥有这种震慑力量的国家如下表所示。[①]

表2

国家	服役航母
美国	20艘(10艘"尼米兹"级航母,10艘装备飞机的两栖攻击舰)
英国	2艘(一艘"光辉"级航母,另一艘在建中)
印度	2艘("维拉特"号航母[原名"竞技神"号],从"戈尔什科夫海军元帅"级护卫舰改装来的"超日王"号航母,第三艘在建中)
日本	2艘("日向"级直升机航母)
意大利	2艘("加里波第"号航母、"加富尔"号航母)
西班牙	2艘("阿斯图里亚斯亲王"号航空母舰)
法国	1艘("戴高乐"号航母)
俄罗斯	1艘("库兹涅佐夫"号)
巴西	1艘("圣保罗"号航母)
泰国	1艘("差克里·纳吕贝特"号航空母舰)
中国	1艘("辽宁"舰)
韩国	1艘("马罗岛"号直升机航母)

还有一点需要考虑。在封闭的海滨区,使用潜艇和远程导弹等大型

---

① IHS *Jane's Fighting Ships*.

战舰勘探区域地理状况,特别容易受到隐秘性较强的不对称对抗措施的攻击,被证明是不安全的策略。1994年和2006年美国海军航母和中国海军潜艇之间的对峙;2006年"真主党"岸基反舰导弹成功击沉以色列海军护卫舰"哈尼特",在这几次军事行动中,大型航母的上述弱点均被暴露。

中国作为海军强国的责任

通常当一个国家变强大后,就会有彰显其实力的趋向。中国一直努力慎重地保持不称霸的形象。迄今为止,中国从未追求"枪炮政策",从未欺凌弱小国家。面对中国的经济、政治、文化和军事力量的增强,一些国家质疑和误解中国的意图,这是不可避免的。为了消除关于中国新航母的"威胁论",中国不仅需要明确其战略和政策,而且应该用实际行动向世界各国证明其航母建设的用意,那就是,随着其军事力量,特别是海外行动能力的增强,中国将在维护地区稳定和世界和平方面发挥更大的作用。

目前,中国面临复杂和多样的安全挑战,维护国家安全和保持良好的外部环境,是中国实现其建设全面小康社会战略目标的前提。

中国在处理与一些邻国的领土和海洋权益争端上,一直致力于通过外交途径和协商方式解决问题,反对使用武力或武力威胁。

对中国生存本能的研究表明,中国将坚定地保卫其主权和国家尊严。中国领导人声称中国主张和平,但是不害怕任何威胁或恐吓。中国将继续逐步实现军事现代化,包括建造航空母舰。当中国拥有一支更加平衡和强大的海军时,区域形势将会进一步稳定,因为威胁地区和平的各种力量将不敢贸然行动。中国的军事力量,特别是其强大的海军,能够给国际社会提供更多的"公共安全产品",它们足以遏制任何国家实施军事

"辽宁"舰——中国航母战斗群建设第一站

冒险的企图。维持地区稳定与世界和平将不仅需要中国发展军事力量，而且需要中国与其他国家日益加强合作。所以，中国继续保持与所有爱好和平国家之间的合作，共同为维持区域稳定和世界和平而努力，这是非常必要的。

中国国家主席和军委主席胡锦涛主持了在大连港口举行的"辽宁"舰航母的交接仪式，国务院总理温家宝和其他中央领导人出席仪式。胡锦涛主席高度肯定了航母建造者们的辛勤付出，指示他们按照严格标准完成余下的任务。

结论

无论"辽宁"舰航母对中国的全球地位产生什么样的影响，对中国政治和军事领导层而言，航空母舰具有重大的象征意义，它表明中国正在从弱小走向强大。美国海军战争学院中国海军专家安德鲁·埃里克森（Andrew S.Erickson）在其博客中写道："中国海军接收'起步航母'是其航母建设漫长旅途的起点，中国将在全球视野下踏上这个漫长征途，并将最终达到海上强国的目标。"

国务院总理温家宝在交接仪式上讲话强调"辽宁"舰航母的政治意义，他讲到该航母的交接将"激发中国人民的自豪感和爱国热情"，对于开启中国特色社会主义建设事业的新局面具有重大而深远的意义。更重要的是，责任伴随力量而来，中国必须表明它既不会沉迷于军备竞赛，也不会对弱小的邻国怀有恶意和阴谋；相反，中国将利用其军事力量作为对任何公开军事冒险主义行动的一种威慑。同时，中国将一如既往地追寻地区与世界和平的梦想。

中国关于钓鱼岛的原则立场

《巴基斯坦观察者》2012 年 9 月 21 日

日本非法购买和占有钓鱼岛及其所属的南小岛和北小岛,并将它们国有化,是违背历史事实的冒险行为。历史文献记载,钓鱼岛自古以来就是中国的领土。自远古时代起,中国人就开发了钓鱼岛及其领海。关于这些岛屿的最早记录可追溯到 15 世纪初,其中提到"钓鱼"这个名字的是 1403 年成书的《顺丰相送》(*Voyage with a Tail Wind*)。1534 年的《使琉球录》(*Record of the Imperial Envoy's Visit to Ryūkyū*)中称钓鱼岛为"钓鱼屿"。明朝时期的疆域版图中使用了钓鱼岛之名,并将其纳入中国海军辖制下,明确置于台湾地方政府的行政管辖之下。欧洲关于钓鱼岛的最早描述出现在由伊萨克·蒂进(Isaac Titsingh)于 1796 年进口的一本公开出版物中。日本则将钓鱼岛称作"尖阁群岛"(Senkaku Islands)。钓鱼岛群包括 5 个无人岛和 3 个荒芜大岩石。中国东海上的这些小地貌位于台湾东北大约 120 海里、中国大陆以东大约 200 海里、日本冲绳岛西南大约 200 海里的范围内。

在 19 世纪末的中日战争中,清政府战败。1895 年,清朝被迫与日本签署不平等的《马关条约》,割让"台湾全岛及所有附属各岛屿",钓鱼岛等作为台湾"附属岛屿"被割让给日本。第二次世界大战结束后,日本战败,美国占领所有日本领土。然而,根据《波茨坦公告》(日本接受其作为《旧金山和约》),日本被迫放弃除北海道、本州岛、四国岛、九

中国关于钓鱼岛的原则立场

州岛（现代日本的4个岛屿）以外的所有岛屿的管辖权。因此，中国恢复钓鱼岛的所有权。1953年，美国政府擅自扩大美国托管范围，将中国的领土钓鱼岛列屿非法划入美国琉球托管区域。日本曾挑衅中国对钓鱼岛的所有权，但无果而终。1968年，联合国亚洲及太平洋经济社会委员会宣布，包括钓鱼岛在内的岛屿群附近的海域可能有丰富的石油和天然气矿藏，这再次刺激了日本对钓鱼岛的野心。1971年，日本和美国签署了《关于琉球诸岛及大东岛协定》，公然将相关海域"归还"给日本，其中就包括钓鱼岛。对于美国和日本之间就中国领土的这种私下交易，中国政府从一开始就坚决反对，从未给予承认。

1972年中日邦交正常化。1978年中日签署和平友好条约，两国领导人以中日关系的大局为重，达成一致，钓鱼岛主权争议"留待以后解决"，这就开启了中日关系正常化的大门。中日关系在接下来的40年中取得了巨大进步，也维持了东亚地区的稳定与和平。

2012年以来，日本几次挑起事端。8月18日，一个包括4艘船和150名右翼党派分子的舰队抵达钓鱼岛附近，极端分子扬言他们要在这里纪念第二次世界大战的英灵。当他们被拒绝上岛时，其中的几人擅自闯上钓鱼岛，并插上日本国旗。

中国外交部抗议日本的贸然行动，宣称日本闯上钓鱼岛的单方行动为"非法和无效"。中国也敦促日本防止摩擦的进一步升级。日本非法闯岛引起了中国大陆各大城市的反日浪潮，中国公民要求日本撤离岛屿。中国抗议者们捣毁日本品牌汽车，砸打日本生意的店铺门面。

2012年9月第一周，日本政府宣布以20.5亿日元从粟原家族（Kunioki Kurihara）购买"尖阁群岛"，并将其收为国有。中国宣布此举非法和无效。9月11日，中国政府派出两艘舰船到钓鱼岛，以宣示主权。9月13日，中国政府向联合国提交了具有钓鱼岛领海基线的海图。

中国故事：改革开放四十年成功转型之路

9月16日，中国正式官方宣布向联合国大陆架界限委员会提交方案，请求将中国在此的大陆架自然延伸至冲绳海槽（Okinawa Trough），扩展专属经济区。

同时，抗议活动还发生在洛杉矶、休斯敦、旧金山和芝加哥等城市，抗议者向美国政府和国会提出申诉，希望他们就钓鱼岛争端保持中立。中国香港和其他多个城市的抗议活动持续不断，局势日益恶化。中国政府要求其国民保持克制。

就在中日钓鱼岛争端白热化之际，美国国防部长利昂·帕内塔（Leon Panetta）出访日本东京和中国北京。9月17日，日本外务大臣玄叶光一郎发表声明，日本和美国达成一致意见，美国表示，将保护钓鱼群岛。然而，利昂·帕内塔表现出了强大成熟的外交才能，表示美国在此问题上不站队，敦促中日双方通过外交手段解决这个问题。时任中国国家副主席的习近平谴责日本购买有争议岛屿的决定，认为这是一场闹剧，敦促日本"克制其行为"。与此同时，中国国防部长梁光烈会晤美国外长，他指出中国保留"采取进一步行动"解决此争端的权力，但希望以和平方式解决该纠纷。

云南民族政策的成功

《国家报》2012 年 6 月 20 日

之前我写过一篇题目为"昆明给予巴基斯坦的荣誉"的文章,其中提到中国云南省"努力保护和重建少数民族文化"。但是,我认为那一篇文章还不足以讲述中国政府在民族文化保护上所付出的各种努力,还有很多经验值得推广。虽然每个国家都有少数民族,但在对待少数民族问题上,不是每个国家都采用了相当明智和充满智慧的政策和举措。

中国是一个统一的多民族国家,有世界上最多的人口(超过 13 亿),由 56 个民族组成。根据 2010 年人口普查数据,汉族人口占 91.51%,其他 55 个民族人口占 8.49%,统称少数民族。少数民族与汉族一起生活在幅员辽阔的中国国土上,同时,他们也保持着自己的社团生活。他们分布在中国的不同地域,多集中在西南、西北和东北地区。为保证各民族和睦相处,民族区域自治政策得以实施,建立了 5 个自治区:内蒙古自治区、新疆维吾尔自治区、广西壮族自治区、宁夏回族自治区和西藏自治区。此外,还有多个自治州、自治县、民族乡、镇,这些地方的少数民族被赋予处理自己事务的区域自治权。尽管中国政府的民族政策是保证所有民族的平等和统一,尊重民族风俗习惯和宗教信仰,但一些地区仍有零星的不满。比如在新疆就曾经出现过骚动。不过,暴乱活动已经被平息。此外,笔者还目睹了新疆的改革和发展,其目标是使新疆赶上比较发达的中国东部省份的水平,从而消除该地区的不满情绪。

中国故事：改革开放四十年成功转型之路

笔者认为，非常有必要讲讲云南的成功故事，因为在我看来，它是独一无二的。在我们参观完昆明交易会后，接待我们的主办单位就近安排了一些参观活动。其间，我们看到各少数民族和睦相处的情形，他们一方面参与现代社会建设；另一方面比较自由地保持着自己民族的传统服饰、习俗、宗教、语言和多样性特点。在中国所有的省份和自治区中，按照民族的数量多少，云南位居全国第二（仅次于有47个民族的新疆）。云南有26个民族，其中15个居住在该省中部，社区人口分布相对密集，他们属于云南省特有的少数民族。其他10个少数民族居住在云南省的边境地区和河谷一带，包括回族、满族、白族、纳西族、蒙古族、壮族、傣族、阿昌族、布依族和水族；其中一些居住在低山坡上，他们是哈尼族、瑶族、拉祜族、佤族、景颇族、布朗族和基诺族；居住在高山区的有苗族、傈僳族、藏族、普米族和独龙族。

我们在昆明交易会上首次见到这些少数民族。身着五颜六色传统服装的上百名少数民族排成队列，在交易会门口迎接参观者，他们弹奏着各部族的特有乐器。那是一次令人印象深刻的展示，但是，我在世界其他地方曾经观看过类似的美国印第安人或其他少数族群的"盛大表演"，因此，我心里仅仅把此场景当成了一种公关活动，而没有去仔细欣赏和品味。晚上，我们应邀观看大型歌舞表演"动感云南"，笔者和其他来自世界不同国家的102名媒体人士全被震撼了。"动感云南"是一场大型的原生态民族歌舞，表演者是云南本土的各少数民族，他们来自不同的村庄。服装、舞台道具、灯光、音乐和三维光环舞台设计，所有这些的结合创造出一场超现实的歌舞表演，它是如此真实感人，令我们痴迷其中。表演结束时全场观众起立，热烈鼓掌。我曾经到过世界许多地方，观看过著名的歌剧、舞蹈节、音乐剧、奥运会和其他国际体育盛会，但是，这场110分钟的精彩表演再现了宗教礼仪、经典民歌和民间舞蹈等云南

云南民族政策的成功

丰富的少数民族文化精华，让观众如醉如痴。演出的收益，包括60美元一张的门票和DVD销售所得，均由节目表演者分享。我们这些外国记者原以为"动感云南"是最后一场演出。然而，我们每到一个城市，都会看到各种各样的民族聚居地，这些是他们的舞台表演、欢迎和告别仪式的真实再现。最后一个节目"梦幻腾冲"通过民族文化、日本占领、抵抗战争和贸易进步等内容，展现给观众历史的和现代的云南，这又是一场鼓舞人心的表演。

我个人以为，云南省的少数民族政策实施相当明智，少数民族既融入了主流社会，同时也保留了他们自己的传统身份。这样的民族政策及其明智的执行值得我们学习和借鉴。

巴基斯坦在昆明获得荣誉

《国家报》2012年6月13日

巴基斯坦在为期5天的第20届昆明进出口交易会上（恰好与第五届南亚国家博览会同时举办）被提名为"荣誉国家"，因此，巴基斯坦必须展现其最好的一面。云南省位于中国西南部，地理位置独特，与缅甸、老挝和越南共享4060公里边界线。昆明气候温和，享有"春城"之称。云南积极挖掘其作为南亚和东南亚贸易和商业往来的通道角色，努力把握商机。应云南省政府的邀请，笔者日前正在梦境般的云南做新闻报道，与其他来自45个国家的102名外国新闻记者一道，见证中国成功的故事，这的确是一次难得的机会和独特的经历。中国正在崛起为一个经济巨人，它愿意与其相对弱小的邻国分享其丰富的经验和资源，以便实现互惠共益。

在关于昆明交易会的主新闻发布会上，笔者被通知到，巴基斯坦有幸成为今年交易会的牵头国家（轮流制），这不仅因为巴基斯坦是中国的全天候战略合作伙伴，而且因为中国在与巴基斯坦的双边贸易中呈现明显顺差。云南商业厅副厅长李继明在与外国记者会见时表示，巴基斯坦的巨大潜力还没有得到挖掘，因此，这次昆明交易会将给巴基斯坦提供展示其产品与吸引中国和其他国家投资的机会。的确如此，巴基斯坦在交易会上设了150个展位，分布在主馆和位于入口处的主题馆，巴国展位的背景图案是拉合尔古堡，传递力量、连续性和多元性等信息，以及

巴基斯坦在昆明获得荣誉

巴基斯坦将作出最大努力的决心。巴基斯坦展出了各种产品,包括纺织品、皮革和体育用品、大米、大理石制品、家具、传统手工艺品、刀具和珠宝首饰等。吸引了数万名中国和其他国家的顾客前来购买。交易会上来自该地区的新兴经济体国家共设置了502个展位,均以其精美商品吸引了大量顾客。

在交易会场外举办的第七届南亚论坛上,巴基斯坦商务部长作为交易会主旨演讲者;同时还做了巴基斯坦文化时装表演,展示了巴基斯坦传统和后现代服装;巴基斯坦民乐也引来大批观众。装扮华丽的昆明,到处都是展销商、购物者和参观者;大学生志愿者频频出现在展馆内外,以他们的英语技能彬彬有礼地帮助外国客人。通过接待前来报道昆明交易会的东南亚和南亚国家的新闻记者团,通过周密制作的为期一周的展览日程和参观计划,云南向其客人展示了39.4万平方公里土地上的方方面面。可以说,昆明交易会的举办是云南重大公关战略的表现。世界文化遗产——史前云南石林洞、经济实验特区,缅甸、越南和老挝边境港口,以及15个少数民族文化重建和保护工程,所有这些给我们提供了云南由穷变富的成功故事的真实案例。毫无疑问,大自然赐予了云南优良的气候、有利的地势和地形(山脉、河流和湖泊)、丰富的矿物和森林资源,但是,正是云南人民严谨的规划,以及与国内邻省和国外邻邦的分享与合作能力,才产生了相互借鉴和共同提高的效益。近5年来美国的经济衰退,影响了欧洲和世界其他地区,这就给中国提供了一个机会,中国不仅不会让其竞争对手美国垮台,而且还会帮助其复苏经济。同时,中国也会在遇到重大全球性经济灾难的时候,救助其他国家的经济。因为刺激世界经济复苏将不仅帮助世界,而且使中国能够谨慎地规划其基础设施建设,搭建平台,保证在乡村和资源相对贫瘠的区县有效分配财富。

中国故事：改革开放四十年成功转型之路

　　巴基斯坦可以从云南成功的故事中学习很多：如何把弱势和威胁变成机会，如何为彼此优势增加价值。中国将从缅甸开采的原玉石加工，制成令人叹为观止的装饰品和古董，中缅双方互利共赢。这是一个成功的例子。长期以来，我们自己在相互争斗，这个相互厮杀注定了我们未来一代的不幸。让我们从云南的故事中汲取有益的经验，消除彼此的分歧，共同开发资源，为我们自己和后代创造一个更好的未来。

巴基斯坦可以学习的中国经验

《舆论导向》2012 年 5 月 29 日

中国和巴基斯坦的友谊经受了长时间的考验，坚固如磐石。中巴友好关系引起本地区和世界许多国家的羡慕和嫉妒。有趣的是，巴基斯坦比中国早独立两年，但是由于缺乏适当规划而远远落后于中国。如果巴基斯坦有志于进步和发展，就应该向中国学习各方面的经验，特别是要学习中国的改革经验，并将其巴基斯坦本地化。

中国有着悠久而光荣的历史、极其丰富的文化和高度发展的文明，但也曾经历了日本帝国主义、欧洲列强的侵略与占领所造成的各种困苦和磨难，那种情况很像南亚次大陆穆斯林民众所曾经历的困境。19 世纪中后期至 20 世纪初期，中国被迫屈从于多个西方列强。西方国家的商人们无视中国法律，从英属印度殖民地把鸦片走私到中国。1840 年英国发动侵华战争，中国清朝战败，被迫签署了丧权辱国的不平等条约，被迫割让香港和澳门。第二次世界大战期间，日本军队侵略中国大陆，屠杀了成千上万的中国人。20 世纪 20—30 年代，中国开始创办现代工业，虽然它推动下的经济增长很有限，却仍然具有重要意义。1929 年开始的经济大萧条导致国际贸易衰退，中国在世界贸易中所占份额及其占国内生产总值的比例在之后的 60 年里都没能得到恢复。

与中国的经历相似，印度次大陆历史上曾经历过莫卧儿帝国的繁荣。英国人通过使用各种阴谋伎俩，占领了这颗"东方明珠"，他们劫掠财

中国故事：改革开放四十年成功转型之路

富,变穆斯林为其奴仆。1947年,英国人离开印度时,被蹂躏的次大陆处于分裂状态。那些已经一贫如洗的地区位于独立的巴基斯坦境内,这就使巴基斯坦的情况更糟。分治后的印度抢占了本来分给巴基斯坦的大部分财产,上百万穆斯林难民从印度向巴基斯坦迁徙进一步打击了脆弱的巴基斯坦经济,1948年印巴克什米尔战争更是雪上加霜。1965年和1971年印度先后发动侵略巴基斯坦的战争,导致巴基斯坦失去其东部领土,这无疑是对巴国的再一次重大打击。

中国经济在1937—1949年抗击日本侵略者的战争与国共两党内战期间遭受重创,中国共产党取得胜利后,创建了社会主义计划经济。

中国经济的重要转折始于1978年12月的经济改革,改革开创者是邓小平领导的中国共产党。经济改革依据市场原则分为两个阶段。第一个阶段在20世纪70年代末和80年代初,涉及农业去集体化、开放外国投资、允许自主创业等。然而,多数企业保持国有化。农民从土地上的产出中拿出一定比例交给国家,剩余的留给自己。这个政策的实施促进了农业生产,提高了数百万农民的生活水平,也刺激了乡村企业发展。改革也在城镇开展,以促进生产力。建立了双重价格体系,据此,允许国有企业出售超出计划指标之外的产品,商品以计划价格和市场价格两种价格出售,从而避免先前的货物短缺状况。这是自中国共产党执政以来首次允许私营企业经营,它们在工业生产中占据相当大的比例。价格的灵活性逐渐变大,扩展了服务行业。自民国时期以来,中国首次开放外商投资。邓小平开创了一系列的经济特区,用于外商投资。这些外资企业受约束和干扰相对较少,从而有利于经济增长。经济特区发挥了推动中国经济增长的引擎作用。

改革的第二阶段在20世纪80年代末和90年代,涉及国有企业的私有化和承包、取消价格管制、保护主义政策和法规,尽管银行和石油

巴基斯坦可以学习的中国经验

行业仍然由国家掌控。在这个时段，邓小平的改革政策在初期的基础上继续深入扩展。国家对私营企业的控制和政府干预继续减少，那些无法存活下去的国有企业开始了小范围的私有化。一个显著的发展是去中央化，这就给予各省地方政府以实验机会，他们借机寻求提高经济增长和国有部门私有化的途径。名义上归地方政府所有的乡镇企业实际上变为私营企业，并开始与国有企业争夺市场。私营部门显著增长，到2005年占据了中国国内生产总值的70%以上，这个数字超过了许多西方国家。从1978—2010年，中国的经济出现了史无前例的增长，平均年增长高达9.5%。经济增长的结果是，中国发展成为仅次于美国的世界第二大经济体。经济专家预测，如果中国继续以同样增长速度发展，将有可能在十几年的时间里赶超美国。

尽管邓小平在1997年去世，他倡导的改革政策在其能干的后继者江泽民主席和朱镕基总理——两位坚定的改革家担任国家领导时期得以继续。改革的持续是邓小平改革政策的引人注目之处。1997年和1998年，中国进行了大规模的私有化运动，其间，除了少数几个大型垄断企业外，几乎所有国企都被清算，其资产出售给私人投资者。2001—2004年，国有企业数量减少了48%。同期，中央政府还减少关税、贸易壁垒和法规，改革银行体制，废除了毛泽东时代的大部分社会主义福利制度；缩减通货膨胀，加入世界贸易组织。2005年，国内私营部门首次在国民生产总值中超过50%，从此，一直保持增长趋势。

中国经济改革的最客观方面是，中国领导阶层懂得在国际环境的变化与国家的特殊需求之间作出相应调整。即便是成功的改革，也需要及时审视和调整，保证走正确的道路。从2005年起，胡锦涛-温家宝一届政府迈出了大胆的一步，采取了更加平等和民粹主义的政策。增加了医疗保险部门的补贴和管控，采取宽松的货币政策，这样做的结果是，导

中国故事：改革开放四十年成功转型之路

致了西方式房地产泡沫的形成，房地产价格上涨2倍。新一届政府任期内，主要投资了特权的国有部门，促进了大型"国家冠军企业"的出现，它们可以与大型外资企业竞争。因此，改革以来的中国经济持续飞速增长，超过了"亚洲四小龙"。中国成为世界和地区经济增长的引擎，这一认知得到广泛认可。中国的需求激增，分别占中国香港、中国台湾和日本出口的50%、66%和44%；中国与其他东亚国家之间的贸易赤字有助于复兴日本和东南亚国家的经济体。亚洲国家领导人把中国的经济增长看作是"整个亚洲增长的引擎"。改革30多年以来，中国经济经历了世界上最大规模的繁荣之一。农业和轻工业广泛私有化，而国有企业仍然保持着对一些重工业领域的控制地位。尽管金融、通信、石油和其他重要的经济部门继续保持国有企业的主导地位，私有企业继续向保留下来的公共企业部门扩展，价格也已放开。

与中国相比，巴基斯坦则演绎了一个追逐海市蜃楼的故事。20世纪50年代初期，巴基斯坦领导层选择与美国结盟，美国则利用巴基斯坦遏制冷战时代的苏联。不知不觉中巴基斯坦成了一个陪衬，也忘记了与美国结盟在自己未来发展中将产生的后果。许多美国经济学家把巴基斯坦当成了实验室的小白鼠，用于测试他们的经济理论，其中大部分是对巴基斯坦有害无利的经济理论。例如，采用发展经济学的哈罗德-多马模型和其他诸多增长模型，这些非但没有提供经济增长的必要动力，反而产生了灾难性后果。此外，不恰当地重视工业而非农业，治理不善和考虑不周的经济政策，均导致了巴基斯坦对外国援助的过分依赖。结果就是当前的经济危机，而普通巴基斯坦民众的生活则一直遭受附带苛刻条款的国际货币基金组织和世界银行巨大债务的严重影响。

巴基斯坦可以从中国反复试验过的经济改革中汲取有益的经验，并可以根据巴基斯坦自身的情况加以调整和应用，现在还为时不晚。巴基

巴基斯坦可以学习的中国经验

斯坦经济陷入了一个非常糟糕的困境，需要彻底的改革政策的指导，需要改造基础设施，以便减少对外国援助和国际贷款的依赖。这就要求统筹农业部门和工业部门，提高工业基础，开发巴基斯坦自身的真实潜力，实现巴基斯坦国家的独立自主。

邓小平有一句名言，不管白猫黑猫，捉住老鼠就是好猫。换言之，邓小平没有过多考虑他所提出的改革政策是资本主义政策还是社会主义政策；在他看来，只要能提高国家经济，就是好政策。我们可以尝试在巴基斯坦应用邓小平的这个改革理论，学习中国的改革经验，制定以结果为导向的改革政策。

中国加入世界贸易组织的十年历程

《国家报》2011 年 12 月 14 日

2001 年 12 月 11 日是中国人民的大喜日子。经过 15 年的谈判协商，中华人民共和国正式加入世界贸易组织。这是国际经济合作发展史上的里程碑事件，是世界多边贸易体制发展史上的重大时刻。中国一直为加入世贸组织而努力，而世界却在 26 年里忽视了 15 亿中国人的存在。① 某些表里不一的西方国家不承认台湾是中华人民共和国主权的一部分，禁止各国与中国保持贸易关系。1972 年美国总统尼克松对北京进行历史性访问之后，中美关系开始实现正常化。从那时起，中国一直奋力前行，弥补过去数年的损失，实现了经济的跨越式发展。

中国入世历程艰难而曲折。1948 年，中国是《关税和贸易总协定》的 23 个最初签署国之一。1949 年，中华人民共和国成立后，台湾非法政府宣布撤离《关贸总协定》体制。北京政府从未承认这个撤出决定。在将近 40 年后的 1986 年，中国向关贸总协定发出通知，希望恢复其关贸总协定签署国地位。中国经过经济改革，已经转型为市场经济，这个改革实践为其加入世界贸易组织提供了有利条件。中国的入世进程由一个工作小组指导开展，该小组由当时的 142 个成员国政府代表组成。为了更好地融入世界经济，并提供一个符合世界贸易组织规则的更可预测的贸易和投资环境，中国不得不作出一系列进一步开放和自由化的重要承

---

① 作者"15 亿中国人"这个数据来源不详。——译者注

中国加入世界贸易组织的十年历程

诺。这些承诺包括，中国对所有世界贸易组织成员国的非歧视待遇、消除双重定价做法、消除对国内销售产品和出口产品的差别对待；中国需要修订现行国内法规，并制定与世界贸易组织协定完全相符的新立法，以便有效统一地执行世界贸易协定；自加入世贸起三年内，中国将授予所有企业进口、出口所有货物以及在整个关税区范围内进行贸易的权利，极少数个例除外；中国不可以维持或引进任何农产品出口补贴。

笔者亲眼见证了中国在商贸领域所取得的明显进步。1974年我第一次到乌鲁木齐的时候，我们不被允许进城购物；如果想买东西，会有人推来一个装满丝巾、小饰品、扇子或其他中国特色小商品的大箱子。尽管我们在20世纪80年代初期参观北京时，外国人可以去的购物场所仍然局限于"友谊商店"（这里也销售质量上乘的中国商品），但这种情况逐渐发生变化。在最近的一次中国之行期间，笔者有幸参观了中国一流的"文明露天市场"——义乌。从时装到机械和农具，从水晶制品到时装和装饰品，这里的商品琳琅满目。有趣的是，我们看到许多外国顾客前来与店主商谈，他们要采购整箱的中国货物。

美国最终为中华人民共和国入世做了铺垫，但它却受到人们的批评。或许，当时的美国总统比尔·克林顿对其同胞过分夸大了中国入世的提议。在2000年3月29日的一次新闻发布会上，克林顿表示，准予中国永久正常贸易关系地位，允许中国加入世界贸易组织，中国入世对美国来说意义重大。克林顿说："我们什么都不用做，他们（指中国）必须降低关税，开放远程通讯业给外国投资，允许我们在中国境内以很低的关税销售美国制造汽车，允许我们自己的销售商在中国经营。我们不需要再转让技术或者做合资生产。从经济后果而言，这对美国来说是百分之百的盈利。"

美国充分利用了"沃尔玛综合征"（Wal-Mart syndrome），他们以极低的价格使用中国制造的产品，导致美国发生了市场革命。美国作为一个资本主义国家，如果说它没有从中国入世中盈利，这是不可能的。美国经济的不景气与中国入世无关，而是源于规划不周、超支过度、陷入野心勃勃的战争等自身因素。

受欢迎的邻居

《南亚杂志》2011 年 11 月刊

历史上，中国一直与南亚保持联系，但从未侵犯该地区。目前，中国是南亚区域合作组织（SAARC）的观察员国，一直受到朋友般的广泛欢迎，也一直寻求在南亚地区扩展外交。

中国是南亚及周边地区中最富裕、经济最发达的国家。除孟加拉国外，中国是该地区最晚获得独立的国家。然而，由于其开国元勋所制定和实施的精明政策，尽管起步较晚，中国却像凤凰一样从灰烬中崛起，一跃成为世界第二大经济体。甚至有些经济学家们预计，中国有望在 10 年内赶超美国。作为一个经济和军事强国，中国在亚太地区的崛起对南亚的战略发展和未来经济发展均将产生重要影响。中国正在重构南亚的权力平衡，给这个 20 世纪 90 年代之前经济发展超过中国的地区带来巨大的经济挑战。让我们来看一下中国与南亚各国的关系。

中国和巴基斯坦：中巴关系被两国领导人描述为"比喜马拉雅山高、比印度洋深的历经考验的全天候关系"。在 20 世纪 70 年代前的中国被孤立和被不公平对待的年月里，巴基斯坦始终与中国站在一起。巴基斯坦曾充当中国了解西方科技和贸易的窗口。中国没有忘记巴基斯坦的朋友般的坚定支持，作为回报，中国予以巴基斯坦各个领域的大力援助。

中国和印度：中印是世界两个人口大国和两大最快速增长的经济体。经济增长带动了中印两国的全球外交和经济影响，两国关系发展从而变

中国故事：改革开放四十年成功转型之路

得更加重要。中印的文化和经济联系可以追溯到古代历史时期。当代时期的中印关系通常表现为边境冲突，1962年中印边境自卫反击战、1967年乔拉（Cho La）事件和1987年中印边境冲突战。但是，从20世纪80年代以来，中印两国成功尝试激活外交和经济联系。2008年，中国成为印度最大的贸易伙伴，两国也努力扩展其战略和军事关系。

中国和阿富汗：中阿关系在历史上表现为经由新疆和瓦罕走廊的水果和茶叶商队贸易。1979年，苏联奉当时的阿富汗政府之邀入侵阿富汗，曾一度使中国和阿富汗关系恶化。同时，因为恐怖主义给新疆造成威胁，所以，中国也支持反恐战争。中国支持将阿富汗建设成一个独立自主的国家，使其有能力打击恐怖主义，但希望在阿富汗的所有外国力量撤离。中国投资了阿富汗的重建，希望阿富汗恢复和平。

中国和孟加拉国：1972年，中国曾行使其作为联合国安理会常任理事国的否决权，阻止孟加拉国加入联合国。孟加拉国曾与印度和苏联结为盟友，而这两个国家都曾与巴基斯坦和中国关系紧张。1975年8月15日，谢赫·穆吉布·拉赫曼（Sheikh Mujibur Rahman）遭暗杀，此后的历届孟加拉国政府逐渐疏远了印度和苏联。同时，巴基斯坦对孟加拉国的态度升温，两国还建立了外交关系，从而促进了中国和孟加拉国关系向好的方向发展。

中国和斯里兰卡：中斯两国几十年保持往来。2005年，马欣达·拉贾帕克萨（Mahinda Rajapaksa）当选为斯里兰卡总统后，两国关系明显扩展。2006年以来，中国给斯里兰卡提供了30.6亿美元的金融援助，用于工程项目。中国给斯里兰卡的援助资金从2005年的数百万美元猛增至2009年的12亿美元，占该国接收的来自其他所有国家外援总额的一半以上。今天，中国是斯里兰卡的最大援助国。促成拉贾帕克萨政府与中国密切关系的一个重要原因是，北京强烈支持和援助科伦坡反对泰米尔伊

受欢迎的邻居

拉姆猛虎解放组织的战争,并帮助斯里兰卡政府击败了叛乱分子。

中国和尼泊尔:中国与尼泊尔联邦民主共和国一直保持友好双边关系,尼泊尔遵循与中国和印度保持平衡的外交政策,印度是尼泊尔南方的邻国。中国和印度是尼泊尔仅有的两个邻邦。然而,随着中国与印度关系的解冻,尼泊尔也准备从中国的慷慨援助中受益,以便推动其内陆经济的建设。

中国和不丹:一直处于印度影响下的不丹在1960年关闭了其与中国的边境。然而,在20世纪70年代,不丹采取了相对开放的政策,逐渐加强了其与邻国的联系。1984年,中不两国开始启动边界会谈。1998年,双方签署了关于保持边境地区和平与安宁的协定。一方面,中国和不丹之间既没有外交关系,又没有合法贸易往来;另一方面,不丹被置于中国利益在南亚日益增长的形势下。因此,这个喜马拉雅山脚下的小国处于一个进退两难的困境中,它无意伤害其传统朋友印度的感情和利益;同时,又需要回应中国的友好姿态,并急需与中国和平解决边界问题。中国和不丹关系中,印度始终是一个重要的变数。

中国和马尔代夫:中马于1972年10月14日建立外交关系。但是,两国的经济合作和贸易非常有限,2002年,双边贸易额仅有300万美元。中国对马尔代夫的主要出口商品是大米和消费品。两国关系在穆罕默德·纳希德总统(Mohamed Nasheed)执政期间得到进一步发展。

综上所述,不与南亚地区的任何国家为敌,这是中国公开明确的态度。对南亚而言,这是个好兆头,因为南亚渴望中国成为南亚区域联盟的正式成员国。在经济领域,中国的发展既是南亚地区的机遇,也是其挑战。在安全领域,中国的军事建设将深刻影响该地区的印度,成为后者的重点担忧,但是,中国没有霸权主义倾向,从而淡化了相关国家对中国扩张主义威胁的恐惧。此外,鉴于美国在南亚地区日益增长的影响,中国提供了此地区用以抵消美国作用的一种平衡力量,把握好这点非常重要。寻求邻国的合作是目前国际关系领域里通用的一种做法,南亚国家自然也会这样做。

新疆——中国奇迹

《国家报》2011 年 8 月 10 日

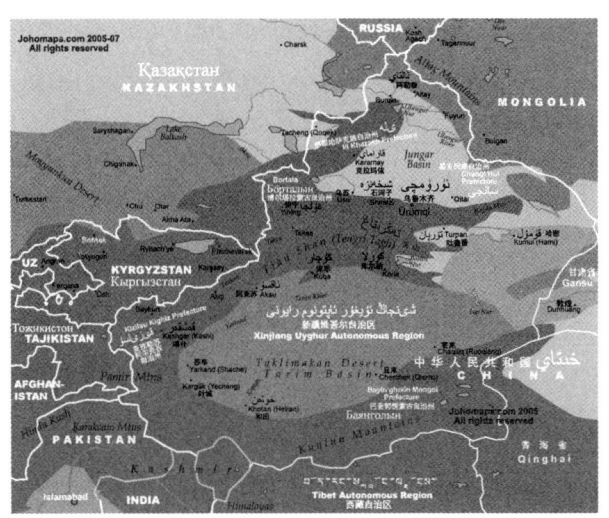

新疆曾经被看作是中国西部开发计划的薄弱环节。然而,上个月对新疆的一次考察坚定了笔者的看法,即新疆正在迅速追赶富裕的东部省份,或许有一天可能赶超东部。新疆是中国最大的省级行政区,面积超过 160 万平方公里,新疆的官方全称是新疆维吾尔自治区。新疆与俄罗斯、蒙古、哈萨克斯坦、吉尔吉斯斯坦、塔吉克斯坦、阿富汗、巴基斯坦和印度接壤,战略地理位置非常重要。新疆的发展还不足,但是,其石油储藏量巨大,是中国最大的天然气产区,这里还发现了翡翠等宝石资源。新疆地区的历史辉煌而曲折,经历了几个重大的文明,成为各族

中国故事:改革开放四十年成功转型之路

群的大熔炉。新疆有47个不同的民族,其中以穆斯林人口为主,维吾尔穆斯林占新疆总人口的47%。古代丝绸之路曾穿越这里,新疆曾经历过繁荣,也经历过贫穷。历史上多个游牧部族曾在此居住,新疆经历了汉代、唐朝、元朝、明朝、清朝等王朝,蒙古人、印度人、喀拉汗人等不同族群也与该地区保持着各种往来。在巴基斯坦的乌尔都语文学和民间文学中,我们可以读到新疆的于阗、喀什噶尔等著名城镇,它们的名字也曾多次出现在阿拉玛·伊克巴尔(Allama Iqbal)的诗作中。[①]

1949年,中国人民解放军进军新疆。1974—1987年间,笔者曾几次到过新疆,那时的新疆发展相对落后。但是,在2011年,我再次来到新疆的时候,发现它完全改变了模样,现代化机场、高楼大厦和先进的通信设施等拔地而起。教育也快速发展,同年,新疆有6221所小学、1929所中学和21所高等学校。中青年人群的文盲率下降到2%以下。农业开启了科学发展方式,开创了沙漠道路建设创新方法。在文化领域,新疆有81家公共图书馆和23家博物馆(1949年没有一家图书馆和博物馆)。新疆出版了使用44种不同语言的98家报纸,还有多家电视频道,播放不同语言和方言的电视节目。据官方统计,新疆的医务工作者、医疗诊所和医院床位等各项比率均超过全国平均水平。

喀什经济特区正在建设中,将成为能源、商业、贸易和交通中心。从地理距离上,新疆离北京和上海分别有4000多公里。因此,乌鲁木齐和喀什自然就成了中国与世界其他地区的空中商道。新疆不仅是历史名城重建的成功典范,而且还创造了变戈壁滩为良田和绿色现代工业都市的奇迹,石河子就是被这样创造出来的戈壁滩上的一颗明珠,赢得了联合国教科文组织的赞誉。

[①] 阿拉玛·伊克巴尔是巴基斯坦著名诗人和哲学家,"两个国家"理论的提出者。——译者注

新疆——中国奇迹

遗憾的是，新疆的一些穆斯林在某些利益集团的误导和唆使下，制造麻烦，要求独立，并实施恐怖袭击。我个人以为这是错误的做法。新疆的快速发展和所取得的进步是其他国家梦寐以求的。我参观了这里的伊斯兰医学院、农业大学、清真寺、经学院和伊斯兰学院，了解到新疆人民享有很高程度的宗教自由，他们可以遵循各种宗教礼仪。我记得，在20世纪80年代初，许多新疆穆斯林朝圣者带着丝绸、地毯和其他货物来到巴基斯坦做生意。单靠在本地市场的销售，他们就可以筹集到足够的资金去麦加朝觐。巴基斯坦拉瓦尔品第的于阗馆，还有巴国其他大城市的中国市场就是这样建起来的。1987年，当我试着在乌鲁木齐的一间清真寺里与几位穆斯林交谈时，我们仅能够引用少量的《古兰经》经句，然后微笑告别。而这次，同样在乌鲁木齐，我们竟然用英语畅谈宗教、法律、经济和时事等各种话题。新疆一路走来，经历了很多；不法分子的骚乱就好比砍掉筑巢的树枝，应该予以警惕和阻止。

中国经济的稳步提升

《巴基斯坦观察者》2011年6月24日

中国经济没有像西方媒体宣传的那样失控,而是稳健发展。中国从20世纪50年代的经济封锁到目前成为仅次于美国的世界第二经济体,在这个过程中,谨慎的规划、精明的战略和对未来的精准预测发挥了重大作用。据国际货币基金组织预测,到2016年中国有可能赶上美国。经济史学家安格斯·麦迪森(Angus Maddison)估测,苏联在其经济发展顶峰时的货物和服务产出仅相当于美国的三分之一,巅峰时期的日本经济规模也不到美国的一半。而中国经济崛起的速度和规模表现出惊人的不同。从1980年起,中国经济平均增长10%。假如中国以这样的速度发展,30年内就会超过美国。中国经济的增长是史无先例的。根据国际货币基金组织的数据,在1980年中国经济改革刚刚开始的时候,美国生产的商品和服务是中国的10倍以上。一年前,当中国超过日本成为世界第二经济体的时候,美国的产出仍是中国的3倍。

但从那时起,中国在全球产出中所占的份额翻了一番,而美国的份额却迅速萎缩。从1986年占全球产出的25%开始,美国的份额已缩水至不到20%,到2016年,预计将萎缩至17.8%。1980年,中国在全球产出中仅占2.2%,到2000年,增长至7%,目前是14%,到2016年,预计将增长至18%。根据国际货币基金组织预测,到2016年,中国在两周内的产出将超过其改革初期的年产出。在此期间,中国的产出将上升到最

中国经济的稳步提升

初水平的30倍，美国的产出将增加至其1980年水平的2.7倍。

然而，这种快速增长并非没有陷阱存在。幸运的是，中国经济学家和规划者们对其中的危险有所预见。通货膨胀、过度投资、不良银行贷款是人们的一些担忧。业界著名专业人士警告称，中国会像许多其他发展中国家一样成为可怕的"中等收入陷阱"理论的牺牲品，但是，可以通过采用不同战略和提供承诺来制止灾难的发生。自1953年以来，中国制定了宏观的五年计划，明确了目标和实现这些目标的政策举措。最近颁布的"十二五"规划将成为中国经济发展的战略转折点，中国经济将从过去30年的高度成功的生产者模型转向一个兴隆的消费社会。中国人民的记忆中储存有动荡造成的伤痕，因此，中国领导层高度重视经济和社会的稳定。这样的承诺在2008—2009年的经济危机期间，有效地发挥了避免附带损失的作用，在抗击通货膨胀、资产泡沫、不断恶化的贷款质量方面也起到了同样重要的作用。高于50%的国内储蓄率极大地帮助了中国经济，提供了经济发展所需的投资资金，增加了外汇储备缓冲，使中国免受外部冲击。中国现在准备吸收部分储蓄盈余，推动经济向内需转变。

在过去30年中，中国城镇人口比例从20%增至46%。根据经济合作与发展组织（OECD）估测，未来20年里将另有3.16亿人口从农村流入城市。这种史无前例的城市化浪潮为基础设施建设投资和商业、住宅建设提供了坚实的资助。中国在人力资本建设方面取得了巨大进步。目前成人识字率在95%左右，中学入学率高达80%。根据PISA标准测试，上海15岁的中学生们在最近的数学和阅读测试中排名世界第一。中国每年的工程类和理科大学毕业生超过150万。中国正在迈向知识经济。更重要的是，中国的规划制定者们愿意验证托马斯经济理论，为了摆脱通货膨胀的后遗症，他们准备冒险，放缓经济增速。

中国故事：改革开放四十年成功转型之路

　　投资者对中国可能出现的通货膨胀上升趋势感到担忧，担心中国央行将停止全球增长。最新的中国 5.3% 的膨胀率被认为有可能是螺旋式上升的，毕竟中国曾经历了多次社会、经济和政治的动荡。然而，尽管中国自 1978 年邓小平实行改革开放政策以来取得了非凡增长，中国的人均国内生产总值仍只有 4399 美元，不到美国人均国内生产总值（48157 美元）的十分之一。中国需要 30~50 年的不间断的高增长，方可将国民的生活水平提升到目前发达国家的水平。所以，中国央行——中国人民银行今年已 5 次将中国银行的存款准备金率提高到 20% 以上，并采取了其他政策来抑制物价上涨，比如出售政府储备粮。

　　需要看到的另一点是，中国的通货膨胀率总体上并不高，推动其出现的有两个因素：食品价格的提高和能源、工业商品价格的提高。除粮食和能源之外，所谓的"核心"通货膨胀率仍然相当低。中国的生产力年增长 10%~12%，中国工业中普遍存在产能过剩，它们控制着成品价格。根据美国前里根政府经济顾问约翰·拉特里奇（Rutledge），也是拉特里奇资本投资公司的董事长和全国广播公司商业频道撰稿人的分析，中国的货币实际上与美元挂钩，尽管西方国家一直在为保持低汇率、全球粮食、石油和大宗商品价格飞涨而争吵不休，而这些都是通过美元表现出来的。所有这些均源自美国政策的失误。美联储海啸使银行储备自 2008 年以来增加了 17 倍，促使全球能源和工业商品通货膨胀。美联储的政策，以及联邦政府把 40% 美国玉米生产转化为乙醇生产的误导政策，更使去年的玉米价格翻了一番多。最终，受害的将是美国，而不是中国，中国经济稳步向前发展。

四川——从废墟上飞起的凤凰

《舆论导向》2011 年 5 月 14 日

2008 年 5 月 12 日，中国汶川发生 8.0 级地震，夺取当地 8.7 万人的生命，上百万人失去家园。仅 3.3 平方公里的北川县城遭到残酷袭击，就造成 2 万人死亡或失踪。甘肃和陕西等邻省也受到严重影响。三年后，我们注意到，勇敢的四川人民从巨大的灾难和生命损失中恢复了元气。中国政府领导坚韧和勇敢的四川人民克服了自然灾害的冲击、创伤，重建了家园。本星期，10 万多民众返回北川县城哀悼逝者。

四川省也在本周开放了中国首家地震博物馆。博物馆占地 14 万平方米，有 6 个主题厅。博物馆展出了汶川地震的受害者、救援者和其他救助人员的感人事迹的图片，共有实物展品 270 件、照片 559 张。四川人

中国故事：改革开放四十年成功转型之路

民向全世界展示了他们的坚强和毅力，"5·12"大地震给他们造成重击，但他们没有倒下。相反，地震坚定了他们重建的决心，他们给世界讲述了如何在自然灾害之后重建家园的故事。

国家发改委（中国最高经济计划机构）副主任穆虹在国务院新闻办公室举行的新闻发布会上宣布，汶川灾区的重建工作已经完成了95%，剩余部分将在9月底前完成。国家发改委官方统计数据显示，截至4月底，人民币8851.5亿元（约合1360亿美元）用于重建，相当于总重建预算的92.37%。根据四川省常务副省长魏宏的报告，全省重建了3000所学校、1000家医院和500多万套家庭房屋。该省重建工作的多数目标已基本实现。值得一提的是，政府给每个家庭提供了住房和工作，每个人都有社会保险。基础设施升级，经济发展，生态环境改善。几乎没有一个发达国家，甚至连美国也不敢夸口能完成这样了不起的重建和复苏。2005年，美国新奥尔良遭"卡特里娜"飓风（Katrina）袭击，造成巨大人员伤亡和破坏，当时的美国布什政府和灾难治理部门均因赈灾不利而受到严厉批评。与四川地震相比，"卡特里娜"飓风算不上什么，因为仅有1836人遇难；然而，赈灾不利和公众呼吁导致联邦应急管理局局长迈克尔·布朗（Michael D. Brown）和新奥尔良警察局警长艾迪·康帕斯（Eddie Compass）辞职。6年后，密西西比州和路易斯安那州成千上万流离失所的居民仍居住在临时住所里。

与此形成鲜明对比，在中国，胡锦涛主席在第一时间宣布启动快速应急救灾。震后一个半小时，中国总理温家宝（地质力学专业出身）飞抵现场监察救援工作。中国卫生部也旋即宣布派出10支医疗队到四川汶川县。同日，中国成都军区派遣5万官兵和武警到汶川支援抗震。然而，由于地形崎岖，而且离震中很近，士兵们难以接近乡村地区，帮助那里的灾民。国家救灾委员会启动"二级应急预案"，此计划覆盖最严重自然

四川——从废墟上飞起的凤凰

灾害区的救援工作。5月13日上升为一级。184人的地震紧急救援队（包括国家地震局的12人，北京军区150人，武警总医院22人）于12日深夜乘两架军用运输机，从北京南苑机场出发，飞往汶川县。

汶川及周边地区多日连降暴雨，引发滑坡，严重影响了救援工作的开展。5月12日救援开始时，20架直升机用于运送食品、饮用水和救急用品，并执行伤员的疏散和地震灾区的侦察任务。到5月13日上午，来自成都军区的1.56万名官兵和民兵预备役人员加入重灾区的救援工作中。根据来自映秀镇的一名指挥官的说法，大概救出了3000名幸存者，其他大约9万名受灾居民状况不明。同一天深夜，大约1300名救援人员抵达震中地区，300名先遣军到达汶川的主要城镇。2008年5月15日，汶川主要城镇的通信部分恢复。同日下午，15名特别行动部队士兵带着救援物资和通信装置，空降到位于汶川东北的人迹罕至的茂县。到16日，温家宝总理再次指示派遣90架直升机前去支援，其中60架来自中国人民解放军空军部队，30架由国家民航提供。地震发生到此时，投入抗震救灾的飞机总计150架，分别来自陆军、空军和民航，是中国有史以来最大规模的非战斗空运行动。救灾过程中网络技术还被广泛应用于传达信息。例如，中国国家通讯社新华社设立"线上救援请求中心"，以便发现灾害盲点。得知救援直升机无法在汶川震中降落的信息后，一名学生建议使用线上降落点，并被选中作为第一个着陆点。志愿者们纷纷开通网站，帮助受害者和撤离人员储存信息。一向批评中国的西方媒体也大赞中国政府的救援工作，中国媒体关于四川地震的报道表现出鲜明的开放态度，北京大学的一位教授表示，"这是中国媒体工作首次达到国际标准"。《洛杉矶时报》称赞中国媒体关于地震的报道具有"民主"特点。

巴基斯坦提供了真诚的援助，在中国最需要的时候，捐送了帐篷和药物，并派送医疗队帮助中国兄弟。货架上没有足够的应急备用帐篷，巴基斯坦军队便从其军用储备中抽出数千个帐篷来满足灾区中国兄弟姐妹的需要。四川人民至今仍然记着巴基斯坦政府和人民的友好姿态,在笔者最近一次参观四川时,当地人还说起这件事。

中国政府恢复和重建被地震摧毁地区的工作和行动,取得不可思议的成就,树立了一个高效的榜样。汶川赈灾和重建的成功表明,只要保证高效率、坚定决心和严格监督,哪怕遇到天大的灾难,也可以攻克。

中国的新亚洲政策

《国家报》2011 年 3 月 23 日

21 世纪是亚洲的世纪，重塑世界事务发展方向的新世界秩序将出现。中国无疑将发挥其重要作用，深刻影响亚洲，乃至世界。世界实力中心正在逐渐转向亚洲和太平洋地区。全球经济活动、增长中的军事预算、人口趋势和亚太地区日益趋向一致，种种迹象表明，亚洲的时代到来了。经历了数百年的殖民主义、帝国主义、欺压凌辱、战争和毁灭之后，这个幅员辽阔的多元区域正在 21 世纪的第一个 15 年中重新获得历史地位。在美国的保护和支持下，日本从战争的废墟上飞跃进入工业强国和经济巨人之列。

另一方面，曾经遭受英国等帝国主义殖民列强统治和日本侵略的中国发展为一个独立自主的国家，必将在没有外来援助的情况下成为世界强国。中国经济已经超越日本，并正在挑战美国；有预测称，中国将在未来 10 年左右赶上美国。自金融危机以来，西方国家已经意识到中国崛起的经济力量；美国正在实施遏制中国的政策，且越来越具侵犯性。显而易见，美国采取了各种措施，集中表现为支持印度抗衡中国，并说服韩国、日本、越南等中国的邻国进行"包围中国"的联合军事演习。

2010 年 10 月 27 日，俄罗斯《独立报》(*Nezavisimaya Gazeta*) 刊文报道，五角大楼正投入大量资金来打造遏制中国的统一战线。文章指出，美国正努力采取基于争端问题创建"反华同盟"的措施，包括还未解决

中国故事：改革开放四十年成功转型之路

的中国南海领土争端和人民币固定汇率问题。日本、印度、越南、澳大利亚、菲律宾、印度尼西亚、韩国等中国周边国家和中国台湾试图加入反华集团，因为它们均与中国有某些利益冲突，试图通过与美国合作获取自身利益。相反，中国主张和平而非战争的亚洲政策，申明继续遵循与邻国建立友谊与保持合作的原则。中国强调与邻国深化互信水平。中国国家领导人最近出访了多个亚洲国家，与各国首脑就进一步加深互信和双边合作进行广泛和深入的讨论，并在重要问题上达成共识。中国与其亚洲同伴保证共同努力，克服金融危机在亚洲的影响，促进经济向好发展。

2010年，亚洲经济整体增长了8.2%，成为世界经济复苏的重要引擎。中国一直为促进互利合作、推进区域一体化进程、妥善解决地区热点问题而努力。中国坚定地与邻国共同促进地区和平与稳定，追求合作共赢，要实现这些目标还需要付出很多努力。2011年是中国与巴基斯坦建交60周年、与老挝建交50周年、与文莱建交20周年。在这里程碑式的一年里，中国将继续增加与周边国家的政治互信。

2011年也是中国与东盟建立对话关系20周年。此外，这年还是中国与东盟国家和印度开启友好交流之年。中国将举办各种庆祝活动，与亚洲国家及其人民一道深化友谊和共识，促进共同发展。中国将坚定地遵循其亚洲政策，积极推进区域一体化进程。中国-东盟自由贸易区已经正式建立，开局良好。同时，还需要共同努力，促进中国和东盟、日本和韩国之间的务实合作。中国和东盟国家地缘很近，双方已经建立了非常友好的合作关系，加强互联互通是双方的共同愿望，在这方面，已经取得了良好进展。未来属于中国和亚洲，巴基斯坦作为中国的盟友定会受益于中国的亚洲政策。

中国的信任

《国家报》2010年11月17日

巴基斯坦一直以来追求美国友谊的海市蜃楼。尽管在许多场合被抛弃和失望,但巴基斯坦仍然渴望投入美国的怀抱。在我看来,巴美关系充其量是一种权宜联姻,并且是便利了美国,而不是巴基斯坦。通常美国在获得其便利后,关系也就随之结束。即便到现在,巴基斯坦与美国的关系也面临严重的信任赤字。尽管两国同属反恐战争联盟的成员,但是,美国媒体,甚至其领导层往往撒播质疑巴基斯坦反恐行动的种子。美国国务卿希拉里·克林顿承认,美国曾帮助建立了阿富汗的激进主义组织塔利班,并支持奥萨马·本·拉登等恐怖主义分子对抗苏联,但是,那个策略已经失败。她承认,美国自己创造了穆加哈丁圣战者——反对苏联在阿富汗的军事力量,而这些人正是目前反恐战争的目标。是美国人训练、武装和资助了这些恐怖主义组织,包括本·拉登本人。但是,美国的如意算盘没有打好。希拉里承认,巴基斯坦为支持美国的反恐战争而付出了"巨大代价"。

不幸的是,这样的"忏悔"毫无意义。因为最终美国总统奥巴马还是选择访问巴基斯坦的劲敌印度,却妄称巴基斯坦还需要做"更多工作"。《世界之巅的战争:阿富汗、克什米尔和西藏的抗争》和《美国拉贾:解放还是统治?解决西方和穆斯林世界之间的冲突》两本书的作

中国故事：改革开放四十年成功转型之路

者、美国/加拿大著名专栏作家埃里克·马戈利斯（Eric Margolis）认为，"9·11"事件是促使美国和印度走向和睦的催化剂，因为它让美国和印度结盟来反对伊斯兰世界的敌人。他补充说，正在形成的来自中国的威胁和让以色列担心的巴基斯坦的核武库，也是促使美印走到一起的重要因素。根据埃里克的观察，对共和党战略家们而言，遏制中国日益增长实力的最明显的方法是，用印度制衡中国。埃里克认为，印度是最新的国际财富源泉，其1070万亿美元的经济不受所谓的"拉贾许可证"（license Raj）的压制性政府法规制约，正在以超过8%的年增长率蓬勃发展；美国的世界形象大多是负面的，但在印度却受欢迎。埃里克评论道，美国军火制造商和高科技产业垂涎印度市场。印度快速扩张的军队需要现代装备，以取代它陈旧的苏联武器供应体制。美国的军事－工业－金融企业联合体给布什施加压力，向印度示好，以撬开其先前关闭的大门。奥巴马已经使这种关系取得成果。

在这种情况下，巴基斯坦领导集团听取各方意见，做出了正确选择，巴总统出访中国。中国驻巴基斯坦大使是一位经验丰富的外交家，在巴基斯坦总统访华前夕，大使发表了题为《中国与亚洲：比以往更加紧密》的文章。大使先生在文章中发自肺腑地表示，中国政府和人民数年以来都无私和无条件地帮助和支持巴基斯坦。鉴于7月下旬以来，巴基斯坦遭受洪水灾害，造成巨大的生命和财产损失，中国政府已承诺向巴基斯坦提供2.5亿美元人道主义援助。中国人民也通过各种方式向巴基斯坦兄弟伸出援助之手。某一中国灾后重建考察团最近访问了巴基斯坦的洪水灾区，承诺中国将全力支持兄弟国家的灾后重建工作。中国总理温家宝将于下月访问巴基斯坦，深化战略合作关系。

现在恰是巴基斯坦完全信任中国及其对巴基斯坦人民全力支持的时候。在巴基斯坦遇到震灾、洪涝、国际制裁等危机而需要帮助的时候，

中国的信任

中国总是全力帮助我们渡过难关。我们还能要求一个真正朋友做什么呢？中国一直主动向巴基斯坦转让技术，没有任何附加条件。中国有志于在许多方面与亚洲共同提升，它与东盟国家的接触就是一个明显表现。同时，胡锦涛主席在第18次亚太经合组织领导人非正式会议上提出的关于推动亚太地区经济又好又快发展的5点建议，也表明了中国对亚洲提升的态度。

在19世纪末和20世纪初处于被征服和奴役的中国，经历了漫长艰苦的斗争才走到今天。殖民者商人们无视中国法律，把鸦片从英属印度殖民地走私到中国。1839年，战争在中国清朝和英国之间爆发，中国被打败，被迫签订丧权辱国的不平等条约，并割让香港。第二次世界大战期间，日本军队侵略中国大陆，屠杀了成千上万的中国人。20世纪60年代初，印度曾试图侵占中国领土，导致1962年的中印边境自卫反击战。印度一直庇护那些阴谋破坏中国稳定的异见人士和叛乱分子。但是，中国表现出了巨大的忍耐，从没有试图报复；即使对美国也是如此，虽然美国正在努力培育、武装和唆使印度和那些与中国有领土争端的国家，激起它们对中国的敌意。尽管如此，中国仍然在支持美国走出经济危机方面发挥了积极作用。如果中国选择巴基斯坦，通过发展基础设施来帮助其克服经济困难，巴基斯坦应该信任中国。此外，美国还同意给印度提供民用核能，但却拒绝了巴基斯坦；是中国在国际原子能机构保障下给巴基斯坦提供了民用核能反应堆，但美国还千方百计找麻烦。巴基斯坦应该认可其真正朋友的优点，并以同样的热情回应。现在是巴基斯坦放弃追逐梦幻，回归现实的时候了。

关于诺贝尔和平奖的争议

《国家报》2010 年 10 月 20 日

2010 年诺贝尔和平奖授予了中国的刘晓波，他是一名因反政府和传播暴乱言论而被中国司法机关判处徒刑的罪犯。授予刘晓波和平奖不仅引起争议，而且与诺贝尔奖创立者阿尔弗雷德·诺贝尔的遗嘱背道而驰。诺贝尔和平奖是瑞典著名化学家、硝化甘油炸药的发明人阿尔弗雷德·诺贝尔于 1895 年创立的，通过设立此奖项，阿尔弗雷德想要表达对自己发明了这种破坏性用途的化学物的某种懊悔。根据诺贝尔的遗愿，和平奖应授予"为促进民族和睦，增进各国友谊，推动裁军以及为召开和宣传和平会议而努力的人"。而刘晓波既没有努力促进国与国之间的博爱，也没有努力推动和平；相反，他被判犯有制造冲突和动乱的罪行。诺贝尔颁奖委员会把和平奖授给了一名罪犯，这是对一个国家司法制度的蔑视。中国，一个历史悠久的文明古国，一个蒸蒸日上的经济体，同时也正在努力支持西方的经济制度，因为后者正在经历着自我腐朽和经济崩溃。

中国的司法体制必须得到尊重，它还在发展完善中，设定了非常严格的惩罚条款。最近的一些司法案例表明了这点。1995 年 1 月，贵州省委书记的妻子被判死刑，她挪用数亿公款，用来建饭店、按摩院和水疗中心，以满足贵州极少数富人的需求。2000—2005 年间，至少有 25 名

关于诺贝尔和平奖的争议

中国政府官员因受贿或回扣而被判死刑。2000年3月，原江西省副省长胡长清因受贿60万美元而被判死刑，他是因为腐败而被判死刑的最高级官员。胡长清的审讯和判处成为国家报纸的头版新闻和电视头条新闻。2000年8月，前全国人大常委会副委员长成克杰因受贿490万美元出让政府合同，给情人安排房产交易被判死刑。2004年2月，原安徽省一名副省长被处死，他曾在1994—2001年间受贿62.3万美元，另有60万美元的财产不能说明合法来源，显然这与其工资收入不匹配。2004年5月，前贵州省交通厅厅长卢万里因受贿660万美元被判死刑。2005年3月，北京市交通局原副局长毕玉玺因接受120万美元贿赂和挪用公款36万美元而被判死刑。2006年，中国建设银行某支行行长周利民和会计刘怡冰因侵吞银行存款5200万美元而被判注射死刑。他们制造虚假账户，对客户做高利息承诺。大约同时，某石油部门高官因贪污400万美元和受贿62万美元而被判处死刑。2007年12月，前天津北城区检察长李保金因受贿和挪用公款266万美元而被判死刑，其中包括他在1996—2006年担任天津市检察长和公安局副局长期间从7家公司收取的76万美元贿赂。2007年7月，国家食品药品监督管理局原局长郑筱萸因贪污受贿罪被判死刑，他通过批准未经检测的药物，从8家公司收取贿赂85万美元。2009年8月，北京首都机场集团公司原董事长李培英涉嫌受贿和挪用公款1600万美元被判死刑。虽然此处仅列举了一些司法判决，但足以表明，中国的司法体制值得赞赏，而不是通过授予罪犯诺贝尔和平奖来讽刺中国司法制度。

另外，必须指出的是，这些看上去故意诋毁中国的行为，是对中国经济崛起的妒忌，抑或是不愿意看到中国稳妥地解决各种问题。无论原因何在，2010年诺贝尔和平奖的授予决定反映了西方国家的目光短浅，以及他们置中国政府于尴尬境地的企图。1989年，中国的另一位阴谋分

中国故事：改革开放四十年成功转型之路

裂和颠覆政府的异见人士达赖喇嘛曾被授予和平奖。今年，诸如热比娅、胡佳等中国的其他几名异议者，也出现在诺贝尔和平奖候选人名单上，足以见得，这是针对中国的阴谋。我们相信，在世界其他国家或地区一定存在那位对世界和平作出真正贡献、理应获得诺贝尔和平奖的人士。在过去的岁月里，纳尔逊·曼德拉、特蕾莎修女、马丁·路德·金都为世界和平作出了重大贡献，因而被授予诺贝尔和平奖。授予刘晓波和平奖贬低了这些高尚情操的名人和其他许多真正获奖者的人格，诺贝尔和平奖委员会的扭曲视角玷污了他们的杰出成就和贡献。除了达赖喇嘛外，也曾有过其他引起争议的和平奖获得者，比如米哈伊尔·戈尔巴乔夫和美国总统奥巴马，前者为苏联解体作出贡献，后者加速了在伊拉克、阿富汗和巴基斯坦的军事行动，残杀和伤害了成千上万的无辜平民。诺贝尔和平奖不应该被用作为针对中国的政治工具，应该把和平奖授予那些为世界和平作出真正贡献的人，这样才能维护其创始人阿尔弗雷德·诺贝尔先生的名誉和尊严。

中国直升机支援巴基斯坦抗洪救灾

《巴基斯坦观察者》2010年10月1日

中国派出了4架军用直升机到巴基斯坦支援抗洪，这是中国军用直升机首次被派遣到海外执行赈灾任务。这4架直升机隶属于新疆军区，得到中央军委批示后，它们于9月21日从新疆维吾尔自治区起飞。在中国的几次重大自然灾害的赈灾过程中，这4架直升机曾经执行运输和搜救任务，其中包括2008年5月12日的汶川大地震和今年发生的舟曲山体滑坡灾害。今年7月，巴基斯坦遭受了百年来最严重的洪灾，中国是重要的援助者之一，第一时间赶来帮助灾区人民。除援救人员外，中国直升机还运来了急需的赈灾物资。

中国直升机在目前的洪灾区——信德省展开紧急救援工作。中国直升机救援队首次海外行动开始于25日，他们从海得拉巴起飞，全心全意地投入了灾区救助行动。三架直升机载有4.8吨大米、面粉、饮用水和其他必需品，飞抵离海得拉巴160公里的乔希（Johi），在几个村庄投放了救灾品。飞行7小时45分钟后，他们成功完成第一次任务，返回海得拉巴。9月26日，2架直升机在达杜（Dadu）和乔希的几个临时居住区投放了2吨面粉、矿泉水和其他生活物资。

作为巴基斯坦的全天候朋友，中国总是在巴国需要的时候出现在其面前，这是非常难能可贵的。在目前这场巴基斯坦史上最严重的洪灾面前，中国的支援具有双重意义。第一，中国援助的价值超过了2.5亿美元，其中包括 9 月 22 日中国总理温家宝在联合国安理会上致辞时给予巴基斯坦的 2 亿美元援助的承诺。根据中国官方报道，这是中国有史以来最大规模的海外人道主义救援承诺。第二，这是由中国人民解放军部署的紧急支援巴基斯坦军队的人道主义救援行动。中国官员透露，这是中国首次向海外派遣如此大规模的人民解放军特别赈灾队。此次在巴基斯坦的海外赈灾中，中国人民解放军投入了三支救援队：两支在信德省，一支在吉尔吉特－巴尔蒂斯坦。

中国驻伊斯兰堡使馆参赞黄溪联在 9 月 23 日的新闻发布会上表示，这是中国历史上首次向海外派遣这么大规模的救援队伍。中国政府派出了由 55 人组成的国际救援队，包括 36 名医生和 19 名技术支持人员。他们于 8 月底抵达信德省塔尔（Thatta）重灾区，中国救援队是第一个到达塔尔洪灾区的国际救援队。他们带来了价值 800 万人民币的药品和 25 吨高科技医疗设备。

中国人民解放军的第二批医疗队由 68 人组成，他们带着包括 80 吨重的药品和其他赈灾物资来到巴基斯坦，被部署到信德省的塞赫万（Sehwan）地区。该医疗队有 20 名女医生，她们负责妇女和儿童的医疗工作。

第三批救灾队被分配到吉尔吉特－巴尔蒂斯坦的罕萨地区（Hunza），这里自从 1 月份以来就被洪水袭击，巨大的山体滑坡形成了一个巨大的人工湖。

事实上，中国人民解放军总计已经派出了 200 名医生和医护人员组成的三批医疗救援队，到目前为止，这是中国对外医疗救援史上的最高历史纪录。

使用军用直升机支援抗灾是一种增值救援。中方曾提到，派往信德省的中国人民解放军救助人员约 200 名，而参与修复被洪水破坏的喀喇

中国直升机支援巴基斯坦抗洪救灾

昆仑公路,以及参与帮助重建交通设施的中国工程人员,大大超出在巴基斯坦的赈灾救助人员。中国政府一再强调,到目前为止,中国给巴基斯坦提供的援助属于紧急救援系列,将在此后向巴方提供另外的援助,帮助其重建遭受损失的经济。

尽管1月份的山体滑坡袭击和2月份的暴雨冲击给喀喇昆仑公路造成严重损坏,中国人民解放军工程人员还是设法保证了交通运行。8月份开始的最初的援助是从新疆空运到伊斯兰堡的,后来的援助则是沿着喀喇昆仑公路运送到巴基斯坦的。9月1日,101辆中国卡车载着面粉和食用油经由红其拉甫,抵达苏斯特干港(Sust)。事实上,自从1月份山体滑坡以来,罕萨地区的居民基本上依靠来自新疆的中国人民解放军救援而维持生活,因为巴基斯坦军队无法到达那个地区。

中国政府和中国人民这种开放姿态将继续加固两国人民之间早已存在的友好关系纽带。在这个动荡的时代,中巴两国的相互支持是非常必要的,因为两国在地区安全问题上观点一致,有共同诉求,面临着共同的威胁。众所周知,丛林法则是适者生存。中巴两个兄弟国家应该携手联合力量,保证共同的生存。

巴基斯坦抗洪赈灾与中国贡献

《巴基斯坦观察者》2010 年 9 月 10 日

巴基斯坦历史上的这次最严重的洪水灾害使整个国家和全体人民陷入悲惨境地，但是，乌云总有散去之时，在这艰难时刻，我们的真正朋友伸出了援助之手。美国主动展开救援行动，美国在巴基斯坦的邻国阿富汗有驻军和直升机，可以在第一时间有效部署，所以，应该比其他国家的支援来得便捷一些。美国也给巴基斯坦输送了大量食品和必需的设备。然而，另一方面，美国却不断傲慢地挑战巴基斯坦与阿拉伯世界和中国的传统友谊，破坏其所做的救援工作。阿拉伯人正在慢慢地从战争灾难中恢复；中国某些地区也刚刚遭受旱灾、洪涝和泥石流等自然灾害的打击。如果考虑到这些，我们就难以接受美国对阿拉伯人和中国人的攻击性言辞。而事实真相是，中国尽管自身遭受破坏，却没有抛下其朋友和邻居巴基斯坦不管，而是及时前来相助。中国给予巴基斯坦非常慷慨的救援，除政府援助外，普通中国民众和商贸公司也向巴基斯坦的兄弟姐妹们伸出援助之手，帮助他们减轻洪水造成的困苦。

在巴基斯坦的抗洪救灾赈济活动中，中国政府和社会各阶层贡献了他们的最大力量。除了中国政府提供的价值 3.3 亿人民币（约合 5000 万美元）的人道主义援助外，中国各界百姓也自愿向巴基斯坦人提供捐助。全国各地的地方政府、非政府组织、企业和慈善组织通过各种方式或渠道捐钱捐物。中国西北的宁夏回族自治区和西南的四川省分别捐助了现

巴基斯坦抗洪赈灾与中国贡献

金50万和10万人民币。北京市市长郭金龙给巴基斯坦救灾协调委员会写信，代表北京人民表达对灾区人民的深切问候，并捐助5万美元现金给伊斯兰堡市政府，从而成为首个伊斯兰堡姐妹城市的援助。中国香港特别行政区向巴基斯坦捐助995万港元。中国红十字会总会和中华全国妇女联合会等非政府组织也及时向巴基斯坦人民提供援助。8月5日，中国红十字会向巴基斯坦救灾协调委员会捐助5万美元。9月7日，中华全国妇女联合会向巴基斯坦"贝娜齐尔收入支持项目"（Benazir Income Support Programme）办公室捐赠人民币50万元的人道主义救援，表达对遭受洪涝灾害困苦的妇女和儿童的关爱。

中国企业和慈善机构积极向巴基斯坦兄弟姐妹们提供援助。江苏黄埔再生资源利用有限公司董事长陈光标于8月31日向巴基斯坦捐款100万人民币，他说，中国和巴基斯坦享有特别友好关系，巴基斯坦的痛苦就像自己的痛苦一样。9月6日，广联投资管理集团有限公司董事长丁淑苗女士捐助了130万人民币，丁女士从卖鸡蛋开始创业，通过艰苦努力，将公司发展成为中国的一家重要企业，她一直积极从事慈善活动。陈先生和丁女士的捐款注入巴基斯坦总理救灾基金账户（Pakistan Prime Minister's Relief Fund Account）。上月，中冶集团捐款人民币80万元。特别值得一提的是，清华大学李希光教授为巴基斯坦灾区人民捐助一个月的工资，树立了榜样。

洪灾发生后不久，在巴基斯坦的中国公司、个人和驻伊斯兰堡的中国外交官们立刻自愿捐款百万卢比；目前捐助活动仍在继续中。

中国驻巴基斯坦使馆刘健大使在9月6日拜见巴基斯坦总理优素福·拉扎·吉拉尼（Yousaf Raza Gilani）时提到，中国政府决定给巴基斯坦政府提供另外2亿元人民币的人道主义援助，表达中国政府和人民对巴基斯坦政府和人民的美好祝愿，以及对兄弟国家救援和恢复家园工作

中国故事：改革开放四十年成功转型之路

的支持。

综上，中国政府在这次救灾中提供给巴基斯坦的人道主义救援总价值为3.3亿人民币（约合5000万美元）。中国政府在初期提供的人道主义紧急救助1.3亿人民币基本已经分派到灾区民众手中。中国政府又向信德省重灾区塔尔派出了一支55人的医疗队，他们在那里建立了一个战地医院，为5000多名洪灾受害者提供治疗服务。中国医疗队的一个显著特点是女医生多，她们可以为那些在洪水影响下有急诊需求的妇女同胞提供治疗。这是一个非常细致周到的做法，因为多数巴基斯坦农村女病人通常不选择男医生做妇科疾病检查。

中国是唯一完成对巴基斯坦洪灾受害者的援助承诺的国家，并且还提供了超出承诺的各种支援，这与其他国家形成鲜明对比。有些国家虽然承诺和宣布提供大数目的金钱援助，但很多情况下，他们既没有兑现承诺，也没有表明将实施援助计划的迹象。

那些保证给巴基斯坦援助的国家认为，他们难以实现其承诺，因为他们正在经历着经济衰退。无须赘言，经济衰退是全球性的，中国同样如此，也面对自身的经济困难，但是中国却没有因此而不履行诺言。中国做出了最大努力，调动和利用了陆运、海运和空运各种力量，特别通过陆路交通，将救援物资从新疆喀什运送至中巴边境附近的苏斯特干港。

中国再次以实际行动证明，中国是巴基斯坦的真正朋友，时刻准备与巴基斯坦共同克服所遇到的任何困难；中国没有高调宣扬，不提任何附加条件。相反，某些国家对巴基斯坦的援助是选择性的，在他们不需要的时候，就毫不犹豫地离开困境中的巴基斯坦，甚至对巴基斯坦施以警告，诉诸制裁。

霍尔布鲁克挑战中国

《巴基斯坦观察者》2010 年 8 月 21 日

美国驻阿富汗和巴基斯坦特使理查德·霍尔布鲁克（Richard Holbrooke）一方面宣布援助巴基斯坦的洪灾受害者；另一方面却对伊斯兰堡的"全天候"朋友继续援助的承诺表示怀疑，敦促北京加大对巴基斯坦的援助。在早些时候的新闻发布会上，霍尔布鲁克先生竟然质问："中国在哪？阿拉伯世界在哪？"巴基斯坦赞赏美国在其需要之时提供援助，帮助赈灾，但是，个人以为，这种质疑他者的口气与其外交官身份不合拍。世界各国的捐助者们都面临着巨大负担，因为 2005 年巴基斯坦特大地震、印度洋海啸、海地地震与其他许多天灾，极大地消耗了捐献国家或机构的资源，全球经济危机也耗尽了慈善事业的资金。尽管存在这些困难，联合国的大规模援助呼吁仍然产生广泛影响，根据最新报道，关于援助巴基斯坦的 70% 的国际承诺得到了兑现。沙特阿拉伯、土耳其、阿拉伯联合酋长国、伊朗和卡塔尔都已经开始向巴基斯坦运送医疗和技术资源。正如联合国秘书长所评论的那样，巴基斯坦的洪水灾害就像一个慢慢移动的海啸，这场史上最严重的自然灾害的后果和影响正在逐步显现，所以，国际社会的援助也会慢慢随之而来。

中国的情况则完全不同。2010 年对中国来说同样是多事之秋。西南部发生了旱灾，西北部发生了地震和泥石流，中部出现洪涝，最近东北部也遭洪灾袭击。1500 多人死于天灾，上万人流离失所，他们自己就需

中国故事：改革开放四十年成功转型之路

要救济和援助。但是，自身的困难并没有阻挡中国前来援助其最亲密的盟友巴基斯坦。巴基斯坦驻华使馆马苏德·汗大使回击霍尔布鲁克的诽谤和刻薄评论，他说，中国是第一批对巴基斯坦洪灾区的需求作出回应的国家之一。中国已经向巴基斯坦输送了帐篷、污泥清理和净水设备、发电机、毛毯、食品、矿泉水和药品。根据巴基斯坦遭洪水破坏状况，中国政府在2010年8月25日又另外提供了人民币6000万元人民币的人道主义紧急救援；这样，中国给予巴基斯坦灾区人民的赈灾援助总计超过了1.3元亿人民币（约合2000万美元）。

另外，一个由55人组成的中国国际救援队（医疗队）于2010年8月26日抵达伊斯兰堡，包括36名医生和19名技术支持人员，医疗队带来了价值800万元人民币的药品和25吨高科技医疗设备。医疗队被直接派往信德省重灾区塔尔，帮助当地人治疗水传疾病和其他疾病。医疗队将在巴基斯坦工作三周。中国针对巴基斯坦女病人而派出一个以女医生为主体的医疗队，这反映了中国对巴基斯坦农村女性患者的医疗援助。

中国对巴基斯坦的坚定支援不仅表现在政府层面，而且体现在慷慨解囊的中国个人和公司层面。中国的非政府组织和个人的捐助超过数百万美元，还有大米和必需药品等物资。这些捐助来自许多公司，比如中国核能行业协会、中亚国际金融有限公司、新疆北新路桥建设股份有限公司、北京康健通科技发展有限公司、中国水电建设集团国际工程有限公司。其中有些公司已在巴基斯坦承建工程项目。

中国之前向巴基斯坦承诺了7000万元人民币的紧急人道主义救助，其中的5000万元援助已经到达巴基斯坦，剩余的特别供给罕萨地区居民的2000万元的生活必需品正在运输途中，很快将到达目的地。中国援巴行动的一个重要特点是，利用中巴公路交通，将救援物资从新疆喀什运送至中巴边境附近的苏斯特干港。

霍尔布鲁克挑战中国

美国近年来一直在大幅增援巴基斯坦，但遗憾的是，喜欢美国的巴基斯坦人不是很多，霍尔布鲁克为此深感悲叹。或许美国应该反省一下其中的原因。美国利用巴基斯坦服务其战略所需，达到目的后就将巴基斯坦抛弃，这样的实例在过去发生过不止一次。美国在20世纪50—60年代将巴基斯坦紧紧揽入怀中，然而，美国侦察机U-2在苏联被击坠事件之后，巴基斯坦意识到它正被美国利用来与苏联进行情报战争。在1965年和1971年两次印巴战争中，美国作为中央条约组织（CENTO）和东南亚条约组织（SEATO）成员国，没有给巴基斯坦提供任何支援，反而对其施加制裁，巴基斯坦的幻想破灭了。尽管如此，1979—1989年间，巴基斯坦继续支持美国把苏联从阿富汗驱逐出去的战争。苏联从阿富汗撤军后，巴基斯坦再一次被抛弃，并面临大规模制裁。"9·11"事件后，巴基斯坦又一次成为美国入侵阿富汗的盟友。然而，美国逐渐转向攻击巴基斯坦。目前这段时间，美国的无人机在巴基斯坦部落区杀死的无辜平民比恐怖主义袭击更多。2005年，巴基斯坦发生致命的地震，美国提供了巨大的援助。即使在2010年抗击洪水灾害过程中，美国也提供了巨大援救款和物资，但是，巴基斯坦人已经意识到，美国是出于自己的利益而为。《环球时报》猛烈抨击了美国并表示，美国此次给巴基斯坦提供了如此庞大的金融援助，使人们不得不怀疑美国"别有用心"。显而易见，美国需要巴基斯坦提供公路和通信设施服务，以便可以开展其向内陆国家阿富汗的后勤运输行动。无论如何，美国没有理由要求中国继续努力。中巴友谊经受住了时间的考验，不需要任何人质疑，哪怕是美国。

我看中国——应中国共产党之邀为庆祝中巴建交 60 周年撰文

中国就像一个由不同族群、文化和各色风景构成的"大陆",具有悠久和深厚的历史底蕴。我在努力设法描述这个"大陆"的时候,想起了盲人摸象的寓言故事。因为盲人们都没有"见过"真的大象,所以,他们请求接近大象,以便可以通过用手触摸来描述大象的样子。盲人们的请求得到满足,4 位盲人分别触摸了大象身体的不同部位,因此,其描述也就基于他们的触摸。摸到大象身子的盲人说大象像"一面墙",摸到大象脚的盲人说大象像"一根柱子",摸到大象鼻子的盲人说大象像"一根树枝",摸到大象耳朵的盲人说大象像"一把扇子"。

这个寓言故事也适用于对中国的描述。对一名外国人来说,走遍整个中国是极其困难的事,所以,就像上面的那 4 位盲人,每位到过中国的人会描写他游历过的那座城市或那个省份,而不经意间就误以为整个中国都与其相似。我本人第一次到中国是在 1974 年,当时我入职巴基斯坦空军才刚几年,在航空运输指挥部担任机组人员。我们定期从查克拉拉飞往乌鲁木齐,在天气允许的情况下,我们清早乘坐我们的"大力神"C-130 飞机离开,下午返回巴基斯坦。我们的任务是往巴基斯坦运输国防弹药;我们的"全天候"朋友中国自 1971 年印巴战争以来一直慷慨提供武器来增加我国的军力。那时的乌鲁木齐机场人烟稀少,就像我们

我看中国——应中国共产党之邀为庆祝中巴建交60周年撰文

20世纪70年代的斯卡杜机场一样不起眼，设施也有限。那些年月，不允许我们进城买东西，如果我们需要什么，会有人推来一个大箱子，装满了具有中国特色的小商品，包括丝巾、小饰品、扇子或者其他小玩意儿。

每次在乌鲁木齐逗留，主人都在正午时分提供给我们午餐，包括十四五道菜。有一次，我不经意地向宴会厅外瞥了一眼，恰好看到有普通中国人在用午餐，他们的午餐只有白米饭和一碗汤。当全中国的人们还过着勤俭节约生活、食用简餐的时候，却为我们提供丰盛的美食。为此，我十分感动和感激。每当遇到恶劣天气，我们就被安排在乌鲁木齐的机场招待所住下。在冬季，招待所为我们提供棉被，为了节约能源，电热器烧一会儿就关掉。我清楚地记得，在飞往中国的途中，每当飞过红其拉甫山口，进入中国境内的时候，我们必须看地图导航，因为尽管安装了助航设备，为了节省能源，只有在我们接近目的地几分钟前才打开；然后，又马上关闭。中国人对国家资源的珍惜和节俭，曾经让我们非常惊讶和敬佩。

在过去的年月里，中国慢慢地发生和经历着各种改变，逐渐对外开放。在我后来的几次中国之行中，注意到了一些变化。20世纪80年代，如果我们在执行任务的时候，因为各种原因不得不在乌鲁木齐留宿，就被安排到城里的宾馆住宿，虽然在去往城市中心的路上我们看到的仍是贫穷的村庄。我最后一次飞往乌鲁木齐是在1987年。时隔24年，2011年我再次来到乌鲁木齐，惊人的变化令我兴奋不已。简陋陈旧的机场不见了，代之而起的是一座现代化机场，它的设施完全可与世界上任何一座现代城市的机场相比。从机场通往城市中心的狭窄公路现在变成了一条多车道高速公路，一座座高楼大厦和五星级宾馆在扩展中的自治区首府乌鲁木齐拔地而起。曾经被认为是中国落后地区的新疆，现在得到中国共产党领导的中央人民政府的特别关注，中央人民政府要将这里的居

中国故事：改革开放四十年成功转型之路

民生活水平提高至中国东部的水平，安排比较发达的省份自愿帮助比较贫穷的省份。

过去数年中，清真寺只在星期五祈祷时分对外开放，也只有少数几位年长的穆斯林参加祈祷。现在是现代化的清真寺，设备齐全，来祈祷的穆斯林有年长的，也有年轻的。新疆有47个不同的民族，其中以穆斯林人口为主，维吾尔族穆斯林人口占新疆总人口的47%。

在我们最近一次考察中国期间，新疆维吾尔自治区政府安排我们参观了石河子市，我们目睹了新疆的工业和农业发展实力。在石河子市，我们参观了新疆阿齐耶纺织厂和生产PVC管材的新疆天业（集团）公司。我们在这里看到，废料被转化为水泥和其他建筑材料，这个技术非常值得学习和借鉴。我们参观了天业公司大面积的西红柿种植区，这些西红柿供应国内市场，也出口国外，用于生产番茄酱。从石河子返回的路上，我们参观了一个棉花和葡萄种植园，全部以高经济效益的科学生产流水线方式经营。返回乌鲁木齐，我们在新疆金风科技股份有限公司厂停留一下。该厂建于1998年，充分开发和利用大自然赐予的礼物——风力，经过短短的十年，发展成为全球领先的风电整体解决方案供应商，为澳大利亚、美国、德国和许多其他国家提供经济高效的解决方案。

2010年12月，作为中国和巴基斯坦建交60周年庆典的一部分，中国政府邀请了5名巴基斯坦媒体资深记者到中国，他们承担庆祝活动现场的报道工作，我荣幸地成为代表团的一员。笔者上一次到中国还是在1987年，这些年早已听闻关于中国在过去30年里所取得的重大进步。23年后再次有机会重访中国，我激动万分。我回想起最初到中国的那些日子，我看到，不论男女，大家都穿着一样平淡无奇的军装，戴着红星帽。因此，不容易辨认出男女。慢慢地，人们的着装发生着变化，女性开始穿鲜亮色彩的服装，男人慢慢喜欢上西装。马车和自行车渐渐地被汽车

我看中国——应中国共产党之邀为庆祝中巴建交60周年撰文

取代,不过,那时仍然处于文化变革的初期。例如,北京虽然有6条交通车道,但是其中5个是自行车车道,一个是机动车道。而我这次到北京看到,北京依然保持6车道交通,但是其中5条是机动车道,一条是自行车车道。我们的参观活动从紫禁城和长城开始。紫禁城让人想起中国过去君主制时代的荣华富贵,长城则是人类工程和建筑史上的奇迹。不过,让我们震撼的是第二天的游览。我们从北京乘坐特快列车到了天津,车速是每小时350公里,从北京到天津约140公里的路程,乘车时间仅25分钟。磁悬浮列车的运行既无噪声又平稳,还有设施一流和现代的火车站。天津这座城市让我们感到愉快和惊奇。时尚现代的高楼大厦、宽阔的路肩、干净整洁的道路、一流的市政设施,所有这些让人感到仿佛置身于一座西方城市,但有一点不同,就是这里更干净和现代。我们首先参观了天津生态城。2007年11月18日,中国国家总理温家宝和新加坡总理李显龙签署了在天津滨海新区开发建立生态城的框架协议,中国-新加坡天津生态城诞生。中新生态城预计到2020年完成,目前一些基础设施建设已经初见成效。生态城市的建设是一个大规模工程,显示了中国政府应对全球气候变化、加强环境保护、节约资源和能源、建设环境友好型社会的决心;在利用阳光和风力等自然资源和节约能源、改造废弃盐田和盐碱地等非耕地、改造污染水源等方面已经取得显著成效。从紫禁城到生态城实现了一个巨大的飞跃。生态城发挥了一个技术创新和应用的平台作用,覆盖生态环境保护、节约能源、减少排放、环保建设和循环利用经济;同时,生态城还提供了一个参与全球生态保护和环境开发的窗口。

如果说天津之旅是一个愉快的惊喜,那么重庆就是一个更大的惊喜。坐落于高耸的山峦和奔腾的河流之间,重庆这座有着3000年文明历史的古城,现在发展成一个现代大都市。曾经一度作为战时陪都的重庆,现

中国故事：改革开放四十年成功转型之路

在是中国西南地区最大的工商业城市，其国民生产总值几乎占该地区的18%。虽然我们参观的是一家奶牛厂和一个村庄，但是给我们带来的惊喜程度并没有减轻。奶牛厂采用的是一流的、先进的现代奶制品制作方法；村子也非常时尚和现代，有一种城市感，村庄里基础设施非常完善和便利，干净的房屋、铺砌的街道、电、气供应和互联网一应俱全。重庆就像隐蔽极好的宝藏，正在慢慢被挖掘出来。重庆面积8.23万平方公里，按面积大小，位居中华人民共和国4个直辖市之首。重庆正在开发建设中国第一个内陆自贸区和第一个同时连接港口和机场的城市，将形成庞大的快速列车网络。目前施工建设中，预计到2015年完工和启动运营。届时重庆将利用其水上交通能力和自由贸易区基础设施，发展成为中国西部的物流中心，从而实现国内和国外目的地之间的快速转运。重庆也将建成为长江上游与中国西部之间的交通枢纽。此外，重庆还是中国第三大汽车生产中心和第一大摩托车生产中心。

1938年，日本侵略者侵占武汉后，周恩来等人曾一度临时转移到重庆，毛泽东在重庆谈判时也住过。参观他们在重庆的住所，深感中国革命之艰难和来之不易。考察历史上的重大事件或时刻，我们发现，卑微往往成就辉煌，中国革命的成功就是一个这样的例子。

我们这次特别的中国之行的第四站是风景如画的杭州，飞机着陆时已经是夜间；环绕城市的灯光好像在告诉我们这个城市的辉煌前景。杭州是中国历史上南宋（1127—1297年）的都城。13世纪威尼斯旅行家马可波罗称杭州为世界上最美丽的城市，杭州以"天堂之城"（Kinsai）、"行在"（Quinsai）等不同名字出现在其文字中。马可波罗时代的杭州有3万名驻军，60万户人家。1861—1864年间，在反对清朝政府的太平天国起义期间，杭州被太平军攻占。1896年，杭州港口被迫对外国人开放。1928年，国民党政府定都南京，杭州变成非常重要的港口。1937年12

我看中国——应中国共产党之邀为庆祝中巴建交60周年撰文

月24日,杭州落入日本侵略者手中。在第二次世界大战以及随后的中国内战期间,1949年5月,国民党逃离,共产党军队进入并解放了杭州。今天,旅游业继续在杭州经济中占有很重要的地位。杭州最有名的景点是西湖。西湖总占地面积6平方公里(600英亩),西湖周边是一个面积超过50平方公里的景区。此景区内有宝塔和文化古迹,也有湖泊和山丘等自然美景,包括杭州的一些最有名的历史古迹和风景区。西湖对面有两条堤道。

主办方在西湖旁边给我们安排了一顿丰盛的午餐,我们品尝到了新鲜河鱼和其他海鲜。游览附近的宝塔是必不可少的项目,从这里我们可以尽览西湖之美和杭州城全景,杭州城是现代和古代的完美结合。杭州的著名商品是丝绸,我们代表团里的女士们坚持要去丝绸中心游览,她们要购买中国丝绸,"为中国经济做贡献"。我们男士则乘船游西湖,悠闲而放松,这让我想起中国古代皇帝在湖上游船享乐的情景。西湖不仅以其美丽如画的自然风光而闻名,而且这里有许多关于文人学士、民族英雄和革命烈士的故事,因此,西湖体现了中国文化的多个方面。此外,西湖周边有许多古建筑物、石刻和碑文都位居中国的国宝级文物之列,具有重大艺术价值。

我们在茶博物馆观赏了著名的中国传统茶道文化表演,这是一次极好的经历,展示了东方文化和礼仪的神韵。表演者是两名身着传统服装的中国女孩,她们的一举一动都是那么温文尔雅,充满关爱。整个表演过程让人想起中国古代礼仪,而这些构成了中国社会文化的精髓。

最后,杭州外事办主任设宴招待我们外国媒体代表团,用餐期间我们还就未来杭州的发展规划交换了看法。次日清晨,我们告别杭州,根据考察日程,启程前往下一站——义乌。义乌是中国著名的国际贸易和商品交易中心,这里的生意人,不论卖主还是买主,多来自世界各地。

中国故事：改革开放四十年成功转型之路

义乌商品交易的目标是全世界的国际品牌和商业都市。

　　第二天上午，返回北京后，我们聆听了一场来自中国地震局的感人讲话。中国地震局积极参与了 2005 年巴基斯坦大地震和 2010 年洪水灾害后的抗灾救援行动。我们还荣幸地来到中国外交部新闻发布会现场。那天是 2010 年 12 月 9 日，恰好是在诺贝尔奖颁奖仪式前夜，发布会现场的西方国家和印度的新闻记者联合起来对付中国外交部发言人姜瑜，他们连续发问，批评中国政府不允许刘晓波到诺贝尔颁奖现场受奖。既然姜瑜女士已经阐明了一个事实，即任何有关中国罪犯刘晓波的讨论都属于干涉中国的内部事务，那么，西方国家和印度记者的行为显然是非常不诚实的，他们想尽一切办法，就这次有争议的授奖事件，从不同角度嘲讽中国法制。同一天晚上，我们受到了来自中共中央对外联络部副部长艾平的晚宴招待，交谈中，我们发现他非常想了解我们关于改善中国国际形象的途径和方法方面的建议和看法。次日，我们来到坐落在天安门广场上的毛主席纪念堂，瞻仰了毛主席遗容，表达了我们的敬意。还有一个我们必须去的地方，那就是北京的牛街，这里有建于 10 世纪的古清真寺。薛天利阿訇热情接待了我们。我们在那里做了星期五聚礼祈祷。此次中国行程的最后一站是巴基斯坦驻华大使馆，马苏德·汗大使在其官邸为我们设宴送行。

　　2011 年 7 月的中国访问团里还有以巴基斯坦国民议会发言人为首的几位年轻的巴国会议员。前面提到过，我们这次中国之行的第一站是乌鲁木齐，第二站是北京，在北京我们参观了紫禁城和长城，瞻仰了毛主席遗容，还与中共中央对外联络部副部长艾平做了长时间的重要会谈。此次到中国考察的亮点是，拜会中共中央委员会委员、中央政治局委员、曾任中共新疆维吾尔自治区党委书记、新疆生产和建设兵团第一政治委员王乐泉，王乐泉在人民大会堂接见了我们，人民大会堂是北京的政治

我看中国——应中国共产党之邀为庆祝中巴建交60周年撰文

中心和全国人民代表大会所在地。王先生在1994—2010年间担任中共新疆维吾尔自治区党委书记，负责执行和实施新疆现代化建设规划。谈起新疆在过去10年里所取得的进步和成绩，这位资深政治局成员对新疆的未来充满希望，表示新疆建设还有很长的路要走，很多工作要做。他提到正在规划的连接经由新疆连接巴基斯坦和中国的铁路线，通往巴基斯坦的输油管道也在考虑和策划中。王乐泉在谈话中强调了中巴关系，特别提到新疆和吉尔吉特-巴尔蒂斯坦地区之间的密切往来之重要。

巴基斯坦代表团团长费萨尔·卡里姆·昆迪重申中巴友好关系，他赞赏中国就美国5月2日在巴基斯坦单方面实施缉拿奥萨马·本·拉登的行动事件所采取的立场和态度。费萨尔表示，中国一贯明确主张和强烈呼吁世界尊重巴基斯坦的主权，从不在巴基斯坦需要之时放弃他们，并承认巴基斯坦在反恐战争中的巨大牺牲，所有这些对巴基斯坦政府和人民而言，都是一种巨大的鼓舞和支持。

我们还参加了中共中央举办的两场研讨会。在其中的一场上，我们与来自中国现代国际关系学院和北京大学的专家学者做交流，议题是中巴关系的发展。大家围绕中巴关系的各个方面，包括一些轻微的不愉快和误解，进行了广泛和开放式讨论。在另一场研讨会上，我们与来自中共中央党校的专家围绕中国共产党的党建工作展开讨论，本场研讨会的讨论使我们巴基斯坦代表，特别是几位年轻的国民议会议员代表大开眼界。我们了解了中国共产党党员是如何加入组织，并获得锻炼和培养的；也了解了中国共产党的特征和党建工作。这些对我们巴基斯坦人来说都是新鲜事物。代表们提了许多问题，有些问题的确不容易回答，但是党校专家进行了巧妙和耐心的处理，作出了精心回应和答复。

我们行程的最后一站是考察中国东部沿海港口城市青岛。青岛横卧山东半岛，眺望黄海，是重要的海港、海军基地和工业中心。世界最长

中国故事：改革开放四十年成功转型之路

的海上桥梁——青岛海湾大桥，连接青岛市区与黄岛区，横跨胶州湾海域。2009年，青岛被评为中国最宜居城市。参观海尔集团（海尔集团在巴基斯坦设有海外公司）和其他22个国际贸易中心，是一次非常有教育意义的考察经历。青岛市人大常委会副主任徐航会见了代表团，他简单介绍了青岛的历史和现代都市化建设的进展。纵观整个行程安排，我们可以清楚地看到，中国共产党政府是在认真思考和精心策划的基础上，选择和制定这次巴基斯坦代表团的行程的。考察行程始于经济欠发达、多民族和谐共存的乌鲁木齐。接下来是一系列与高级别官员的会谈，还有围绕中国共产党发展历程相关议题的研讨会。最后是参观青岛崛起的现代世界奇迹。整个行程的安排用意深刻，给巴基斯坦的年轻国会议员们提供了丰富的精神和思想食粮。毫无疑问，他们一定学到了不少关于中国共产党创业的重要经验，需要好好思考和研究，从中提取可以为巴基斯坦政党和政府建设采纳应用的部分。

由于笔者数次造访和考察中国，我的孩子们从我的经历中得到了启示和鼓舞。2011年，我儿子在举行婚礼后，决定带其妻子去中国度蜜月。他们精心安排和游览了北京、西安、屯溪、上海、香港。这对年轻夫妇从中国回来后，滔滔不绝地讲述他们在中国独特而新奇的经历，激励了其他年轻的巴基斯坦夫妇和朋友们去中国旅游。

今年夏天，我计划去云南昆明游历，希望带回关于中国"大陆"的更加丰富的经历和更多知识，希望自己尽量不要"盲人摸象"，使自己有能力比较客观地全方位描写中国。中国的经济发展取得了巨大进步，同时，也注重保护其文化历史与广阔的自然景观和美丽的旅游景点。这非常有启发意义。

译 后 记

一个偶然的机会,在网络文字阅读中结识了苏尔坦·哈利先生,了解了这位中国问题专家的职业生涯和研究工作。不同于其他中国问题的外国学者,哈利没有专门的留学中国经历,不是汉语学生科班出身,而是作为一名空军飞行员与中国一次次"相遇",又以一名媒体人身份来认识和了解中国。正是由于这个差别,哈利对中国的认识是建立在其亲自与中国普通人交流的基础上的。此外,他充分利用中国媒体,解读中国的发展,这显然不同于西方主流媒体的声音。哈利文章的字里行间都流露着他作为一名普通巴基斯坦人对中国及其人民的那份真挚感情,相信中国读者会和我一样感受到这份真情。

作者坚信中巴关系之坚固。比如,作者在《霍尔布鲁克挑战中国》一文中讲到,"巴中友谊经历了长久的时间考验,不需要任何人质疑,哪怕是美国"。个人以为,我们应该重视这种普通巴基斯坦人的朴实感情,培养和保持这种情分有益于夯实巴基斯坦人对中国的积极认知。需要说明的是,作者代表的是20世纪50年代那一代巴基斯坦人的想法,那个年代的南亚区域关系,尤其是印巴、中印关系,还有全球冷战格局等是中国和巴基斯坦关系发展中的决定因子,巴基斯坦人对中国的热爱之情也是在那些岁月里培养起来的。近十几年来的巴基斯坦大众媒体多样化,自媒体使用相当流行,主要信息来源是西方国家的媒体。巴基斯坦年轻人,特别是90后,是巴基斯坦媒体传播的主要受众人群。在这种氛围下,与老一辈巴基斯坦人相比,他们对中国的认知有较大落差。因此,培养巴基斯坦年轻一代

中国故事：改革开放四十年成功转型之路

的知华和亲华感知，是一项长期的任务。

因为巴基斯坦的媒体传播主要基于来自西方媒体的信息，所以，作者能够大量利用中国的英文媒体信息和资料，诸如《中国日报》《环球时报》、《人民日报》（海外版）等，这是作者与西方学者论述中国的明显不同之处，非常难得和值得称赞。无论是在谈到汶川震后的重建，还是谈到新疆和云南的民族政策，无论是关于中国的经济改革，还是关于中国的周边国家外交战略，作者都不断呼吁巴基斯坦政府和领导阶层"向中国学习"。我粗略统计了一下，哈利在20篇文章中直接使用了"学习中国的重要经验"等类似的句子。

收入本文集的均为时评文章，而非学术论文，目标读者相对宽泛。因此，在文章的体例、注释、语言表达、字词使用等方面，不应该做"规范化"衡量。这点在《"辽宁"舰——中国航母战斗群建设第一站》一文的注释方法上表现明显。其次，作者有时在叙事中对两个历史事件的关联略显牵强。比如，作者在《纪念毛泽东诞辰121周年》中，就12月份在中国和巴基斯坦之间所做的关联，就比较牵强附会。再有，本文集所收文章撰写于2011—2015年间，所用数据，特别是关于中国人口和经济增长相关的数据，与今天的数据差别颇大，略显陈旧。但是，必须声明一下，译者只是根据自己翻译过程中的体会，作几点说明而已，全无质疑作者之意。

相反，我要感谢哈利先生。本文集的翻译促使我重温了中国历史相关知识，包括中国革命史、中国共产党史、中华人民共和国成立史、改革开放史，也指导着我关注和学习习近平新时代建设理论和实践、"一带一路"倡议的提出和建设进程等当代中国政治和党史理论。其次，该文集翻译还带动我重新学习了中国和巴基斯坦的重大政治、经济、社会和文化问题，以及中巴关系的历史和演变等相关重大事件。实话实说，如果不翻译这本书，我可能不会对一些重大时政问题和理论予以足够的关注，比如"一国两制"、中国梦、国防白皮书、中国航母建设等。

此外，关于本文集的注释也要做下说明。本书采用页下注形式。其中第47篇《"辽宁"舰——中国航母战斗群建设第一站》的注释是作者文章自带的。其余文章的注释均由译者标注，译者加注分两种，一种是纠错注释，或纠正某些基

译后记

本史实错误，或对作者所用数据或其看法表示质疑或有待商榷；另一种是解释性注释，对译者认为那些超出非专业读者知识范围的事件、地名、人物等加注说明。

在此，我要感谢国际文化出版公司的吴昌荣老师对《中国故事：改革开放四十年成功转型之路》一书的翻译和出版所表现出的极大兴趣，以及他为本书的付梓所付出的各种努力。

最后，我要说的是，译者的知识积累有限，理论水平不高，在两个领域均有待进一步的提升。因此，尽管译者尽了最大努力，文集的翻译仍难免存在这样或那样的问题。希望读者朋友们批评指正，帮助译者改善和提高。